Lo Pan – Der geomantische Kompass

Hedwig Seipel

Lo Pan – Der geomantische Kompass

Das Feng-Shui-Instrument zur professionellen Haus- und Grundstücksauswertung

Nachdruck 2016
Veröffentlicht im Synergia Verlag
eine Marke der Sentovision GmbH
Venedigstr. 35
Basel-Münchenstein, Schweiz
www.synergia-verlag.ch

Umschlaggestaltung, Gestaltung und Satz: FontFront.com, Roßdorf
Printed in EU
ISBN: 978-3-939272-85-4

Bibliografische Information der Deutschen Bibliothek
Die Deutsche Bibliothek verzeichnet diese Publikation in der deutschen Nationalbibliografie; detaillierte bibliografische Daten sind im Internet unter http://dnb.ddb.de abrufbar.

Inhaltsverzeichnis

Danke…

…an die Teilnehmer meiner Seminare, die durch ihr engagiertes Mitwirken maßgeblich zur Entstehung des Buches beigetragen haben.
…an das Team von Synergia Verlag, das mich immer freundlich und motivierend unterstützt hat.
…an meine Tochter Eva Seipel, die dem Fehlerteufel stets auf den Fersen war.
…allen, die sich jetzt angesprochen fühlen.

Einleitung

Herzlichen Glückwunsch, dass Sie Ihr Feng-Shui-Fachwissen erweitern wollen. Feng Shui ist unerschöpflich, diese Meinung der alten Meister hat in der heutigen Zeit nicht an Gültigkeit verloren. Das bereits gelernte Wissen zu vertiefen und um neue Erkenntnisse zu erweitern, ist das Ziel des Buches, das sich an Leser wendet, die bereits über solides Grundwissen des Feng Shui verfügen.

Die meisten Berufe verfügen über ihr typisches Fachwerkzeug. So ist es auch im Feng Shui. Seit über 2.000 Jahren benutzen Feng Shui Praktiker den Lo Pan, einen geomantischen Kompass.
In diesem Buch erfahren Sie alles über die Anwendungsmöglichkeiten eines Lo Pan und seine Funktionsweise. Ein kurzer geschichtlicher Hintergrund wird ebenfalls nicht fehlen.

Sie befassen sich mit Grundlagen, die Sie für den praktischen Umgang mit dem Lo Pan benötigen werden. Sie lernen, wie Sie die Ergebnisse einer Auswertung nach dem „Ost-West-System“ oder der „Fliegenden Sterne“ auf dem Lo Pan ablesen.
Einen weiteren Wissensblock bildet die erweiterte Landschaftsschule. Sie lernen diverse Auswertungsregeln, die sich auf den Energiefluss außerhalb des Gebäudes beziehen. Insbesondere werden wir uns mit Bewertungen von Wasserläufen und Straßenführungen beschäftigen.

Ein Lo Pan verbindet die räumlichen (Ausrichtung) mit den zeitlichen (Astrologie) Qualitäten eines Objektes. Das geschieht mithilfe einiger Auswertungsringe, die auf den Erdzweigen und Himmelsstämmen basieren. Sie werden ebenfalls unser Thema sein.

In diesem Buch werden Sie zahlreiche Tabellen, Aufstellungen und Listen finden. Sie sind alle als Nachschlagewerke gedacht. Bitte vermeiden Sie das Auswendiglernen. Konzentrieren Sie sich bitte vielmehr auf das Verständnis der Regeln und die Fähigkeit, die richtige Methode in der Praxis anzuwenden.

Ich wünsche Ihnen viel Erfolg und Freude beim Lesen und Lernen,

Hedwig Seipel

Allgemeine Einführung

Was ist ein Lo Pan?

Feng Shui braucht für die Ausführung einer Analyse bzw. im Rahmen einer Beratung unbedingt einen Kompass als Messgerät zur Feststellung der Himmelsrichtungen. Diese Tatsache ist allen Feng Shui Praktikern bestens bekannt.

Ähnlich wie in anderen Berufen, gibt es auch im Feng Shui professionelle Geräte, die von ausgebildeten Fachleuten eingesetzt werden. Ein Gerät ersetzt jedoch in keiner Weise das fachliche Können des Benutzers. Im Gegenteil, um ein Arbeitsgerät gezielt und korrekt einzusetzen, ist oft ein umfangreiches Zusatzwissen und eine spezielle Ausbildung erforderlich. Bei einem Lo Pan ist es nicht anders.

Ein Lo Pan ist ein komplexes System, das sich auf Himmelsrichtungen, dominante Markierungspunkte, Zeitzyklen, aber auch Geburtsdaten bezieht.

Lo Pan, bekannt auch unter anderen Schreibweisen wie „Luo Pan“ oder „Lo-p'an“, ist ein geomantischer Kompass. „Geomantisch“ bedeutet frei übersetzt „die Erde bzw. von der Erde deuten“ und beschreibt damit den Anwendungsbereich eines Lo Pans.

„Lo Pan“ als Begriff kann mit einer Platte oder einem Korb voller Inhalt bzw. Informationen übersetzt werden. Im Altchinesischen wurden mit „lo“ oder „luo“ Bambuskörbe für den Transport von Gütern bezeichnet.

Ein Lo Pan dient der Untersuchung und Deutung der Qualitäten einer Landschaft, sowie zur Bestimmung der Lebensenergie (des Chi) und ihrer Veränderung an einem Ort.

Abb. 1.1: Ausschnitt aus einem alten, chinesischen Lo Pan.

Der Unterschied zu einem gewöhnlichen Kompass ist offensichtlich. Bei einem Lo Pan handelt es sich um ein komplexes Präzisionswerkzeug für nahezu unzählige Deutungsmöglichkeiten.

Wenn Sie bereits Feng Shui vom Grund auf gelernt haben, dann fällt es Ihnen nicht schwer, den Umfang und die Komplexität der Lehre zu erfassen. Bei einem Lo Pan wird dieses Wissen mit seinen ernormen Verknüpfungsmöglichkeiten in ein Gerät gepackt. Für ein modernes Computergerät wäre das eine leichte Übung. Hier handelt es sich aber um eine Scheibe, die beschriftet ist und durch einfache Mechanik bewegt werden kann. Allein diese Tatsache spricht für eine Meisterleistung der ersten Lo Pan - Konstrukteure. Gleichzeitig deutet sie auf den Schwierigkeitsgrad, einen Lo Pan zu verstehen und fehlerfrei anzuwenden, hin.

Vielleicht fragen Sie sich gerade, wozu der Aufwand, wenn eine Feng Shui Beratung auch ohne Lo Pan möglich ist.

Um den feinen Unterschied zu erkennen, bleiben wir bei dem Beispiel eines Computers. Wenn Sie eine Computergrafik oder ein digitales Bild erstellen möchten, reichen einfache Programme mit wenigen Möglichkeiten der Bildbearbeitung, die relativ einfach zu bedienen sind, aus. Mit dem richtigen Können und dem nötigen Zeitaufwand lässt sich das Ergebnis, auch in guter Qualität, realisieren. Ein professioneller Grafiker bedient sich anderer, anspruchsvollerer Programmen, die über eine erheblich größere Anzahl von Malwerkzeugen, Farbenauswahl, Feinabstimmungen und sonstigen Darstellungsmöglichkeiten verfügen. Die Bedienung dieser Programme ist komplizierter, doch das Ergebnis genügt auch höchsten Ansprüchen. Wenn der Grafiker aber sein Werkzeug = Programm nicht beherrscht, dann ist das Ergebnis wahrscheinlich unbrauchbar. Der Lo Pan ist eben ein Werkzeug, mit dem Sie die Qualität einer Beratung erheblich steigern können. Die einzelnen Ansichten einer Betrachtung sind auf dem Lo Pan gleichzeitig präsent und lassen sich so effektiver in eine Aussage zusammenfassen. Kein Merkmal geht dabei verloren oder kann vergessen werden.

Einsatzmöglichkeiten und Anwendungsbeispiele

Die Einsatzmöglichkeiten eines Lo Pans sind einfach zu beschreiben: überall dort, wo eine Feng Shui Auswertung angebracht und erwünscht ist. Es beginnt bei der Untersuchung des Chi-Flusses, geht über die Anwendung der klassischen Kompass-Methoden bis hin zu den „Fliegenden Sternen". Im Einzelnen sind folgende Untersuchungen möglich:

- Gradgenaue Messung der Himmelsrichtung
- Richtung des Chi Flusses
- Yin- und Yang-Charakter der Himmelsrichtungen
- Verteilung der Wandlungsphasen
- Zuordnung der Trigramme
- Günstige und ungünstige Himmelsrichtungen

- Die Aufteilung in die 24 Berge
- Die vor- und die nachhimmlische Ordnung (Ho Tu und Lo Shu)
- Erstellung der Sternendiagramme für „Fliegende Sterne“
- Die Ersatzsterne
- Die Wandlungslinien des I Ging
- Festlegung günstiger Wasserpositionen (sogenannte Wasserdrachen-Formeln)

Darüber hinaus verknüpft ein Lo Pan die Merkmale der Landschafts- bzw. Raumbetrachtung mit astrologischen Gesichtspunkten. Dazu zählen:

- Die 10 Himmelsstämme und die 12 Erdzweige
- Die 24 Sterne
- Die 28 Mondhäuser
- Die 12 Tierkreiszeichen
- Die Bestimmung günstiger Zeitpunkte

Auf die genaue Erläuterung der genannten Begriffe werden wir im weiteren Lernmaterial Schritt für Schritt eingehen.

Die Fertigkeit in der Anwendung besteht vor allem in der Verbindung der einzelnen Messergebnisse zu einer individuellen Begutachtung. Mit dem Lo Pan lassen sich sowohl äußere Lebensräume in der Stadt- und Regionalplanung, in der Garten- und Landschaftsgestaltung, als auch innere Räume in der Gebäudeplanung für Wohn- bzw. Geschäftszwecke analysieren.

Besonders hilfreich ist ein Lo Pan bei der Betrachtung von Landschaften. Er erlaubt nämlich, die physikalischen Formen wie Berge oder Wasser gleichzeitig mit den energetischen Konstellationen der Chi-Bewegungen zu erfassen. Die Eindrücke bei der Wahrnehmung eines Ortes können so direkt an die Auswirkung für die Gestaltung angeknüpft werden. Es sind unmittelbare Aussagen ohne zusätzlichen Analyseaufwand möglich.

Ein Beispiel dazu:
Im Rahmen eines Neubauprojektes soll eine Grundstücksanalyse erstellt und ein Vorschlag zur Ausrichtung des Gebäudes gemacht werden. Oft werden solche Anforderungen während einer Projektbesprechung vor Ort gestellt. Die Frage sollte möglichst genau und ohne Verzögerung durch eine schriftlichen Analyse beantwortet werden.

Mithilfe eines Lo Pan kann diese Anforderung leicht erfüllt werden. Nur wenige Auswertungsschritte sind erforderlich:

- den Betrachtungspunkt in der Mitte des Grundstücks annehmen,
- den Lo Pan mit dem Norden übereinstimmend ausrichten,
- die Auswertungsparameter jeder Himmelsrichtung ablesen,
- zu einer Gesamtaussage verknüpfen.

Von den vier Schritten sind die ersten drei recht leicht zu realisieren. Der vierte dagegen erfordert fachliches Können und viel Übung. Dabei ist wörtlich noch kein Meister vom Himmel gefallen.

Das Buch bereitet Sie ausführlich und in einzelnen Schritten auf diese Aufgabe vor.

Funktionsweise eines Lo Pans

Seit Beginn der Lo Pan Geschichte existierte nicht nur ein Geräte-Typ, sondern mehrere Varianten nebeneinander. Die Vielfalt der modernen Lo Pane ist noch größer. Bevor die Arten und Varianten des Lo Pans vorgestellt werden, beschäftigen wir uns mit dem grundsätzlichen Aufbau und den allgemeinen Funktionsweisen des Gerätes.

Ein Lo Pan besteht hauptsächlich aus 3 Teilen:

- Einer quadratischen Platte, die meistens aus Holz oder bei modernen Geräten aus einem Holz-Verbundmaterial oder Plexiglas besteht. In der Fachsprache ist es die „äußere Platte“ Wai Pan. Ihre quadratische Form erleichtertt eine exakte Haltung des Lo Pans in Relation zu einer Hauswand oder Grundstücksgrenze. Damit wird ein Winkelfehler zwischen der Betrachtungsposition und der gemessenen Richtung vermieden. Bei einem einfachen Kompass kann u.U. durch leichte Körper- oder Handgelenkverdrehung sehr leicht eine Fehlmessung zustande kommen.
- In die äußere Platte ist eine runde Scheibe integriert. Sie wird die „innere Platte“ Nei Pan genannt. Sie ist üblicherweise aus Metall, oft aus einem Messingblech gefertigt. Bei heutigen Geräten kommen selbstverständlich auch moderne Materialien zum Einsatz. So kann die Platte auch aus Kunsstoff, z.B. Plexiglas oder einem Spezialkarton bestehen. Unerlässlich ist, dass diese innere Platte bedruckt oder beschriftet werden kann. Frühere Geräte wurden kunstvoll graviert oder mit einer haltbaren Tinte beschriftet.

  Auf der inneren Platte befinden sich die gesamten Informationen des Lo Pans. Sie werden in Ringen angeordnet. Je nach Art und Model können es bis zu 36 Ringe sein.
  Jeder Ring hat seine bestimmte Bedeutung. Durch Drehen kann die Platte übereinstimmend mit der Kompassmessung angeordnet werden. So können jeder Himmelsrichtung zahlreiche Merkmale zugeordnet und ausgewertet werden.

  Die Ringe werden traditionell in chinesischer Sprache, mit den typischen Schriftzeichen beschriftet. Nur wenige westliche Geräte verfügen über eine englische bzw. deutsche Beschriftung. Der Umgang mit einem Lo Pan ist nicht einfach. Wenn dazu noch das Lesen und verstehen der Schriftzeichen problematisch ist, muss die Qualität einer Analyse berechtigterweise in Frage gestellt werden.

Selbstverständlich kann man auch die notwendigen Schriftzeichen erlernen, doch es ist keine einfache Aufgabe.

- In der Mitte des Lo Pan befindet sich eine kleine runde Platte mit einer magnetischen Kompassnadel. Es ist der sogenannte „Himmelssee“ Tian Qi. Die Funktion dieser Platte gleicht der eines Kompasses. Die magnetische Nadel zeigt stets, sofern keine Störungen vorhanden sind, in die Richtung des magnetischen Nordpols der Erde. Dies trifft auf moderne Geräte zu. Bei alten, chinesischen Lo Pans wurde nicht wie bei uns üblich, die Nordspitze, sondern die Südspitze der Nadel markiert. Diese ist für eine Auswertung von entscheidender Bedeutung. Bei traditionellen Geräten muss die Nadelspitze übereinstimmend mit dem Süden auf der inneren Platte angeordnet werden.

  Neue Modelle sind genordet, d.h. die Nadelspitze wird in eine Linie mit der Nordmarkierung der inneren Platte gebracht.Die weiteren Zuordnungen sind für beide Systeme gleich, das heißt die Merkmale der Richtungen sind dieselben.

Ein Tipp für die Praxis: Bevor Sie ein Ihnen unbekanntes Gerät für eine Analyse verwenden, vergewissern Sie sich, nach welchem System die Nadel markiert ist. Am besten vergleichen Sie zuerst die Messung der Himmelsrichtungen mit einem einfachen Kompass. Stimmt die Richtung des Nordens auf einem Kompass mit der Richtung des markierten Endes der Lo Pan-Nadel, dann ist der Lo Pan genordet. Zeigt die markierte Nadelspitze in die exakt gegenüberliegende Richtung, dann haben Sie es mit einem traditionellen, chinesischen Gerät zu tun.

Neben der äußeren und der inneren Platte, sowie dem Himmelssee, befinden sich auf einem Lo Pan noch zwei rote Fäden oder Linien, die senkrecht zueinander über die Mitte des Lo Pans verlaufen. Diese Linien helfen beim Ablesen der Richtungen und der Bedeutungen der einzelnen Ringe. Sie heißen Tian Xin Shi Dao, was übersetzt so viel heißt wie: „Rückverweise auf das Herz des Himmels“. Der Name und ihre Bedeutung haben jedoch keinen weiteren Einfluss auf die Anwendung des Lo Pans.

Bei einer Messung mit dem Lo Pan wird zuerst eine Seite der quadratischen, äußeren Platte parallel zu einer Haus- bzw. Zimmerwand ausgerichtet. Die Kompassnadel beruhigt sich nach kurzer Zeit und zeigt die Richtung des Nordens (bzw. des Südens, s.o.) an. Jetzt wird die innere Platte so gedreht, dass die Markierung des Nordens (oder Südens) exakt mit der Nadelspitze übereinstimmt. Die 4 Richtungen (vorne, hinten, links und rechts) der geographischen Ausrichtung des Objektes können anhand der roten Linien (Fäden) abgelesen werden.

Weitere Einstellungsmöglichkeiten und die Variationen der einzelnen Merkmale der Himmelsrichtungen sind stark vom Modell des Gerätes abhängig und lassen sich kaum allgemein beschreiben. Bitte machen Sie sich mit Ihrem Gerät anhand des (hoffentlich vorhandenen) Handbuches vertraut. Im Zweifelsfall wenden Sie sich an den Hersteller und klären die Handhabung ab.

Klassische Gerätetypen und die Vielfalt der marktgängigen Modelle

Im Laufe seiner Geschichte erlebte der Lo Pan eine stetige Weiterentwicklung. Mit seiner Geschichte beschäftigen wir uns im nächsten Kapitel. Vorwegnehmend werden die 3 klassischen Gerätetypen, die bis heute eingesetzt werden, besprochen.

In der Qing-Dynastie (1644-1911) wurde der Grundstein des neuzeitlichen Feng Shui gelegt. Damals entstanden auch die 3 Arten des Lo Pans, die bis heute überdauert haben.

Der wesentliche Unterschied der einzelnen Typen besteht im Aufbau und Beschriftung bestimmter Ringe auf der inneren Platte. Die restlichen Ringe sind meistens bei allen Typen identisch.

Die drei Lo Pan -Typen sind:

- **San He Pan:**
  besitzt 3 Ringe mit jeweils "24 Bergen". Diese 3 Ringe zusammen werden auch als der "72-Drachen-Ring" bezeichnet. Sein Ursprung geht auf die Tang-Dynastie (618-907) zurück. Ein damaliger Feng Shui Meister, Yang Kung Pan, führte zum ersten Mal diese Ringe ein. Deshalb wird diese Art von Lo Pan auch als „Yang Kung Pan" = Meisters Yang Lo Pan genannt.

  Die drei Ringe der „24 Berge" stehen für den Namen „San He", der übersetzt „3 Harmonien" bedeutet. Die Harmonie bezieht sich auf die große Einheit des Himmels, der Erde und des Menschen, denen jeweils ein Ring gewidmet ist.

  Hier finden wir die direkte Anbindung an das Prinzip der Trigramme, die aus 3 Linien bestehen. Ein San He Pan eignet sich vor allem für Auswertungen nach den Prinzipien der "Kompass-Schule", der „Acht Lebenswünsche" und der Landschaftsschule.

- **San Yuan Pan:**
  besitzt nur einen Ring der "24 Berge". Statt den anderen beiden, wie auf dem San He Pan, wurde ein Ring der 64 Hexagramme des I Ging eingeführt. Mithilfe des Ringes kann der Zeitzyklus der Perioden angewandt werden. Dadurch eignet sich ein San Yuan Pan für die Anwendung der „Fliegenden Sterne" und weiterer astrologischer Methoden, die auf der Verbindung zwischen zeitlicher und räumlicher Energiequalität basieren.

  Als Erfinder des Modells gilt der Meister Jiang Dahong. Deshalb wird der San Yuan Pan auch als „Jiang Pan" = Meisters Jiangs Lo Pan bezeichnet.

- **Zong He Pan:**
  verknüpft Merkmale beider Gerätetypen. Seine innere Platte enthält sowohl 3 Ringe der „24 Berge" als auch den Ring der 64 Hexagramme. Seine Anwendungsmöglichkeiten sind dementsprechend am weitesten gefasst. Die meisten modernen Geräte leiten sich von einem Zong He Pan ab.

Unabhängig von der traditionellen Aufteilung in drei Geräte-Typen befinden sich auf dem Markt Modelle unterschiedlicher Bauweise. Sie unterscheiden sich vor allem durch folgende Merkmale:

- Die Anzahl der Ringe: einfache Geräte verfügen nur über wenige (7 bis 17) Deutungsringe. Sie sind durchaus funktionsfähig und für eine ganze Reihe von Auswertungen geeignet. Komplexe Interpretationen, wie die Fliegenden Sterne oder astrologische Auswertungen, bieten solche Geräte nur sehr eingeschränkt an.

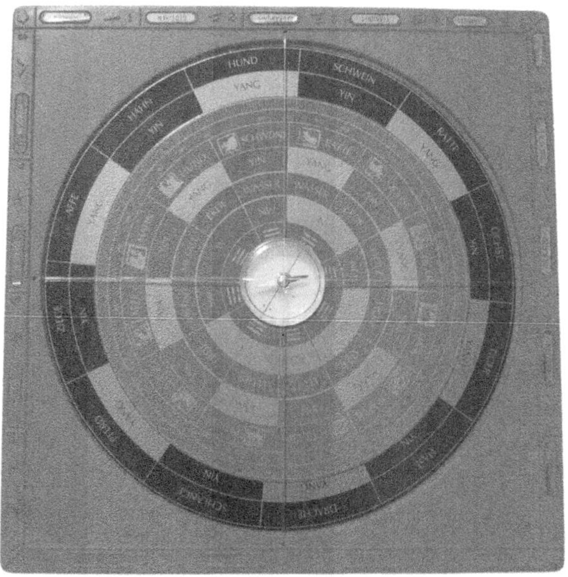

Abb. 1.2: Ein einfacher Lo Pan aus Kunststoff mit nur 9 Ringen.

- Die Materialien: bei inneren Platten aus Messing, die nicht zusätzlich durch eine Scheibe geschützt sind, ist die Dicke und Qualität der Messingplatte sehr wichtig. Dünne Platten verformen sich leicht. Stimmt die Qualität des Aufdrucks nicht, lassen sich nach relativ kurzer Zeit die Zeichen nur noch schlecht ablesen.

Außer aus Holz werden auch Geräte aus durchsichtigem Kunststoff angeboten. Sie können direkt auf einen Grundriss gelegt und als Zeichnungshilfe genutzt werden. Das Material ist bei mechanischer Beanspruchung relativ unempfindlich gegen Kratzer, Verschmutzung, etc.

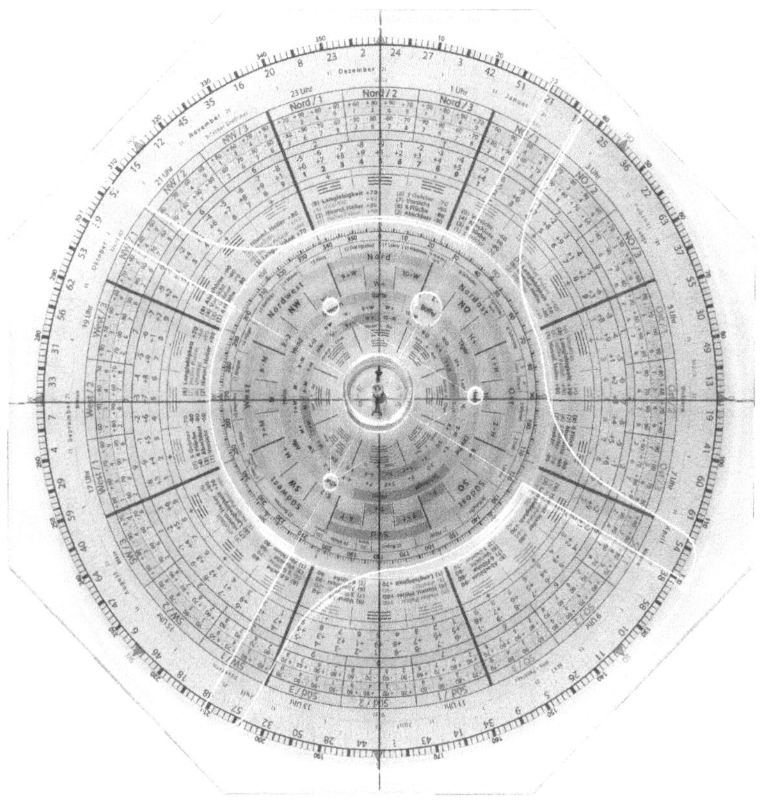

Abb. 1.3: ein hochwertiger Lo Pan aus Kunststoff mit 27 Ringen

- Inzwischen ist ein Lo Pan auch ein beliebtes Andenken aus China. Wichtig ist, zu unterscheiden, ob ein Gerät als Präzisionswerkzeug oder als Anschauungsobjekt hergestellt ist. Hochwertige Materialien, gute Verarbeitung, einwandfrei funktionierender Kompass, verständliche und leicht lesbare Beschriftung entscheiden über die Qualität eines Lo Pans. Erkennbar werden die Unterschiede auch beim Preis. Für gute Messgeräte müssen oft mehrere hundert Euro bezahlt werden, ein Andenken ist bereits für wenige Euro zu haben.

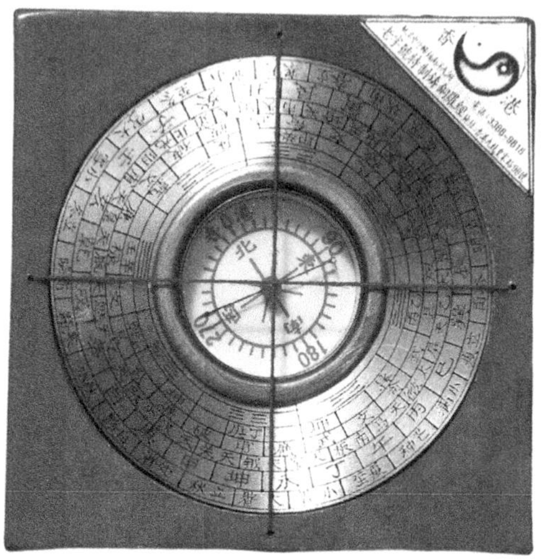

Abb. 1.4: Ein kleiner Andenken-Lo Pan aus China.

Neben der hochwertigen Verarbeitung und einwandfreier Funktionalität ist eine schriftliche Dokumentation (Benutzerhandbuch) ebenfalls für die Qualität eines Lo Pans entscheidend. Was nutzt ein kompliziertes und funktionelles Gerät, wenn man es nicht bedienen kann. Leider verfügen nicht alle Geräte auf dem Markt über ausreichende Handbücher.

Um den für sich richtigen Lo Pan zu finden, sind Kenntnisse über die klassischen und marktüblichen Gerätetypen sehr nützlich. Ein Lo Pan ist nur so gut, wie der Anwender mit ihm umgehen kann. Je komplexer das Gerät, desto vielschichtiger sind seine Deutungsmöglichkeiten.

Aufgaben zur Wissensüberprüfung

Beantworten Sie selbständig die folgenden Fragen bzw. lösen Sie die Aufgaben. So prüfen Sie selbst, ob Sie die Inhalte lückenlos verstanden haben. Außerdem festigen Sie dadurch die erworbenen Kenntnisse.
Die Musterlösungen zu den Aufgaben finden Sie im Lösungsteil am Ende des Buches.

Aufgabe 1.1
Bitte ergänzen Sie den folgenden Satz:
Ein Lo Pan verbindet ____________________ Merkmale mit ____________________ Gesichtspunkten in der Betrachtung eines Ortes.

Aufgabe 1.2
Aus welchen drei wichtigsten Komponenten besteht ein Lo Pan?

Aufgabe 1.3
Welche Besonderheit kann ein alter chinesischer Kompass besitzen?

Aufgabe 1.4
Auf welchem Teil des Lo Pan werden die Deutungsringe abgebildet?

Aufgabe 1.5
Nennen Sie die 3 klassischen Lo Pan - Typen und beschreiben Sie in jeweils einem Satz die charakteristischen Merkmale.

Ein wenig Geschichte

Als es noch keinen Kompass gab...

... suchten Menschen nach Möglichkeiten, um sich in der Landschaft zu orientieren. Sie versuchten auch, besondere Strukturen zu entdecken und (Regelmäßigkeiten) Gesetzmäßigkeiten daraus abzuleiten.

Die Entdeckung des Kompasses wird nach einheitlicher Meinung der Wissenschaftler den Chinesen zugeschrieben. Diese Neuerung wird ungefähr auf das Jahr 27 datiert. Ein geomantischer Kompass, in einer Art wie wir ihn auch heute kennen, wurde also erst danach konzipiert. Seine Vorläufer gab es jedoch lange vor diesem Datum.

Die Geschichte des Lo Pans vor der Entdeckung des Kompasses ist leider mit vielen Widersprüchen und Mutmaßungen behaftet. Die Ursache dafür liegt einerseits in mangelnden schriftlichen Quellen und anderseits in der Phantasie der alten Überlieferungen. Viele bruchstückhafte Nachweise verleiten zu gewagten Interpretationen. **Unter allen Überlieferungen, die heute von Feng Shui Praktikern und Historikern als glaubhaft eingestuft werden, sind zwei besonders erwähnenswert.**

Zum einen handelt es sich um die Theorie **des „magnetischen Löffels"** und zum anderen um die sogenannte **„Divinations-Scheibe".** Welche der beiden richtig ist oder ob vielleicht sogar beide parallel existierten, werden wir an dieser Stelle nicht entscheiden können. Interessant sind beide und als Fachberater sollten Sie auch beide kennen.

Der Magnetische Löffel

Die Orientierung anhand des Sonnenstandes tagsüber und der Sterne in der Nacht diente lange vor der Entdeckung der Kompass-Nadel zur

Bestimmung von Qualitäten unterschiedlicher Richtungen. Wahrscheinlich wurden auf diese Art alle acht Himmelsrichtungen des Bagua definiert. Besonders die Lage des Polarsterns und der Sternengruppe des „Großen Bären" bildeten die Grundlage der geografischen und astronomischen Orientierung.

Eine „Erfindung" der damaligen Zeit (ca. 500 v.Chr.) trägt die Bezeichnung des „magnetischen Löffels" oder auch des „Südkontrolleurs" (sinan) und gilt als Vorläufer des heutigen Kompasses.
In der Abbildung 2.1 sehen sie einen „magnetischen Löffel".

Abb. 2.1: Ein magnetischer Löffel, Bildquelle:
S.Skinner, Guide to the Feng Shui Compass, S. 137

Er bestand aus einer polierten Platte aus Bronze mit einer gleichförmig ausgearbeiteten Vertiefung in der Mitte. In dieser Vertiefung lag ein Löffel (ähnlich einem heutigen Suppenlöffel mit verkürztem Griff), in dem ein Stück Magnetit, oder einer anderen magnetischen Legierung,

eingearbeitet wurde. Der Löffel drehte sich in der Vertiefung der Platte, bis sein Griff nach Süden zeigte (daher der Name).
Die Platte wurde mit diversen Deutungsmerkmalen, ähnlich einem heutigen Lo Pan beschriftet. Dazu zählten u.a.:

- Zeichen der 12 Klimaphasen
- 28 Mondstationen
- Erdzweige
- Himmelsstämme
- 24 Abschnitte der Erdplatte.

Auffallend ist auch die Verbindung der runden inneren Form mit der äußeren Form eines Vierecks. Auch diese Eigenschaft ist im modernerem Lo Pan zu finden.

Die Divinationsscheibe

Über die weitere Entwicklung des Lo Pans gibt es geteilte Meinungen. Eine Reihe von Autoren und Wissenschaftlern, zu denen auch Dr.Manfred Kubny gehört, sieht den magnetischen Löffel als Vorstufe der Divinationsscheibe. Andere Theorien erklären die Funktion und Bauweise des Lo Pan – Vorläufers aus einem gänzlich anderen Blickwinkel. Zu den Vertretern dieser Theorie gehört unter anderem Derek Walters, ein weltweit bekannter und anerkannter Feng Shui Praktiker, Forscher und Berater.

Nach seiner Auffassung beruht die Meinung über den „magnetischen Löffel" auf einem Übersetzungs- bzw. Interpretationsfehler einer altchinesischen Bezeichnung. Diese Bezeichnung deutet auf „den Schwanz des Großen Bären", was im Chinesischen als „der Griff des Nördlichen Löffels" beschrieben wird. Es gab, nach Walter's Meinung, nie ein Gerät mit einem magnetischen Löffel. Das Gerät bestand aus einer Bronzeplatte (Basisplatte) und einer drehbaren inneren Platte, auf der das Sternbild des Großen Bären („Nördlicher Löffel") eingraviert wurde. Er beruft sich dabei auf eine Enzyklopädie aus dem 14. Jahrhundert, in der die Funktion des Gerätes anhand eines Holzschnittes erläutert wird.

Ob es den magnetischen Löffel in der beschriebenen Funktion tatsächlich gab oder auch nicht, das werden wir bestimmt nicht klären. Tatsache ist, dass es die Divinationsscheibe unumstritten gab und sie diente der Interpretation der Sternenkonstellation und Vorhersage anhand der Himmelsrichtungen.

Die Divinationsscheibe entstand in der späten Han-Zeit (207 v. Chr. – 265 n.Chr.). Sie trug den Namen „Shi", der übersetzt ungefähr „Vorhersage" oder „Divination" bedeutet. Die Beschriftung der Platte weist jedoch eher auf ein astronomisches Gerät zur Bestimmung der Position der Sonne am Himmel hin. Seine praktische Anwendung bestand in der Berechnung des Kalenders und der Vorhersage von Sonnenfinsternissen.

In der Mitte der runden Platte befand sich das Sternbild des Großen Bären, umgeben von 12 Bezeichnungen, die auf die Stunden des Tages und die Monate des Jahres hindeuteten. Auf dem Rand der viereckigen Basisplatte befanden sich die Namen der 28 Konstellationen, die den Weg des Mondes und der Planeten am Himmel beschrieben. Durch Drehung der runden Platte konnte die Konstellation für Vollmond mit dem entsprechenden Stand der Sonne eingestellt werden. Damit wurden die Kalenderdaten bestimmt.

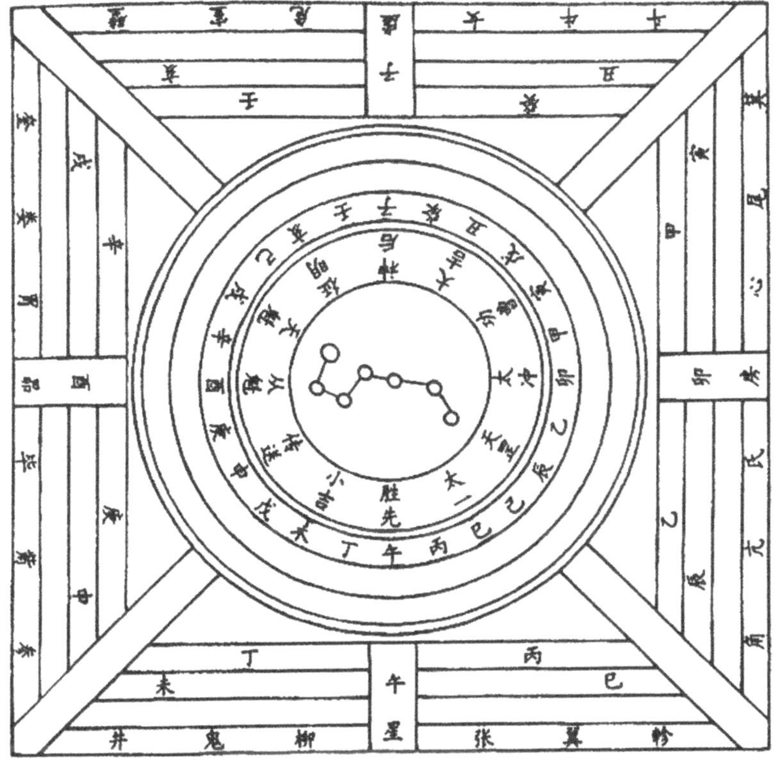

Abb. 2.2 (Bildquelle: S.Skinner, Guide to the Feng Shui Compass, S. 157)

In den Ecken der Basisplatte wurden Beschriftungen, die die Qualitäten der Zwischenhimmelsrichtungen (NO, SO, NW, SW) bezeichnen, angebracht. Diese Tatsache deutet darauf hin, dass ein „Shi“ nicht nur astronomischen Zwecken diente. Inwieweit dabei Auswertungen von Landschaftsqualitäten durchgeführt wurden, lässt sich heute nicht mehr beweisen. Die Ähnlichkeiten mit einem Lo Pan scheinen jedoch sehr deutlich zu sein.

Die runde innere Platte (Himmelsplatte), auf der sich die Zeichnung der Sterne um den Polarstern befand, ließ sich gegen die quadratische

Erdplatte verdrehen. So wurden wahrscheinlich Veränderungen des Raums in Abhängigkeit von der Zeit gemessen und ausgewertet. Es wäre eine Vorgehensweise, die deutliche Ähnlichkeiten mit der Methode der „Fliegenden Sterne“ aufweist.

Die Entwicklung komplexer Geräte

Die bahnbrechende Entdeckung des Kompasses und seine Weiterentwicklung beeinflusste maßgebend die Entstehungsgeschichte des Lo Pans.

In der Song-Dynastie (960 bis 1279) erlebte die Seefahrt eine rasante Entwicklung. Dabei wurden immer genauere und empfindlichere Magnetkompasse gebaut. Diverse Typen von Magnetnadeln wurden beschrieben und angewandt. So gab es z.B. die „Fingernagel-Nadel“, die einfach so auf den Nagel des Daumens gelegt wurde, dass sie sich frei drehen konnte. Andere Nadel-Typen waren: die trockene Nadel, die feuchte Nadel, die auf einer Flüssigkeit schwamm, und die freihängende Nadel.

In dieser Zeit wurde auch ein Kompass in eine runde Scheibe mit Deutungsringen integriert. Der Lo Pan war geboren. Die Kompass-Nadel der ersten Geräte zählte meistens zu den sogenannten „trockenen Nadeln“, die sich in der Luftkammer des Kompass-Gehäuses drehte. Spätere Modelle wurden mit der „feuchten Nadel“ ausgestattet. Eine „feuchte Nadel“ wurde in Öl oder in einer anderen haltbaren Flüssigkeit gelagert. Damit wurden die Drehungen der Nadel präziser und reagierte sie auf Erschütterungen weniger empfindlich.

Während der Ming- und der Qing-Dynastie fand die bedeutsamste Entwicklung des Feng Shui statt. Deshalb wundert es nicht, dass auch der Lo Pan in dieser Zeit weiter entwickelt und verfeinert wurde. Vor allem die Ringe wurden mehrfach ergänzt und ihre Beschriftung detaillierter und komplexer gestaltet. Es kam zu einer Teilung in die 3 unterschiedlichen Typen des Lo Pan: dem San He Pan, dem San Yuan Pan und dem Zong He Pan, über die Sie bereits in der ersten Lektion einiges erfahren haben.

Zu Zeiten der Qing-Dynastie entstand auch das Standardwerk über den Lo Pan, das bis heute als Grundlage für viele Lo Pan Studien dient. Es trägt den Namen „Lo-ching T'ao-chieh", was so viel wie „umfassendes Verständnis des geomantischen Kompasses" bedeutet und ausführliche Erläuterungen über die 36 Deutungsringe eines Lo Pans bietet.

Ein Lo Pan verbindet geografische Merkmale (Qualität der Himmelsrichtungen) und astrologische Betrachtungen (Kalender, Geburtsdaten etc.) in einem. Diese Basis eröffnete in der damaligen Zeit viele neue Deutungsmöglichkeiten. Sehr verbreitet war z.B. die Berechnung günstiger und ungünstiger Tage für bestimmte Tätigkeiten. Dazu zählten z.B.: Datum des Einzugs in ein neues Haus, Beginn des Hausbaus oder einer Renovierung, Zeitpunkt der Grundsteinlegung oder die günstige Stunde für den Beginn des Umpflügens eines Feldes.

Zu den wichtigsten Einsatzgebieten eines Lo Pans zählte die Berechnung aller Daten, die mit einem Begräbnis in Verbindung standen, wie z.B. der richtige Platz für ein Grab oder der Tag und die Stunde eines Begräbnisses. Für eine genaue Positionierung von Grabstätten spricht die Tatsache, dass viele alte Gräber exakt nach den Himmelsrichtungen, die mit dem Geburtsdatum der Verstorbenen in Verbindung stehen, ausgerichtet sind. Dies gilt z.B. für die Ausrichtung der Königsgräber nördlich von Anyang, der früheren Hauptstadt des Shang-Reiches. Die Gräber wurden hier nach dem bekannten „Ost-West-System" der Kompass-Schule aufgeteilt und die Himmelsrichtungen im Bezug zum magnetischen Nordpol (damals ca. 6° vom geographischen Nordpol abweichend) berechnet und ausgerichtet.

Ein weiteres Anwendungsfeld des Lo Pan umfasste die Verbindung des Schicksals eines Menschen (astrologische Auswertung) mit der

Bewertung des Standortes, an dem ein Mensch lebte oder arbeitete. Bei derartigen Auswertungen wurden die Qualitäten der Geburtssterne einer Person (die Vorhimmlische-Anordnung) mit den Handlungen an einem bestimmten Ort (die Nachhimmlische-Anordnung) kombiniert. So konnte bestimmt werden, ob ein Standort für den Einzelnen oder die Familienmitglieder günstig war.

Die Anwendungsfelder für einen Lo Pan weichen heute von den ursprünglichen Aufgaben eines Feng Shui-Praktikers ab. Ein Grab auszurichten oder einen günstigen Tag für die Ernte zu bestimmen, dürfte heutzutage kaum gefragt sein. Das heißt aber nicht, dass der Lo Pan weniger nützlich geworden ist. Im Gegenteil, seine Vorteile, die vor allem in der genauen Auswertung der landschaftlichen Merkmale zu finden sind, helfen z.B. ein günstiges Grundstück zu finden oder einen Neubau optimal auszurichten. Im weiteren Verlauf werden wir uns vor allem auf „moderne" Anwendungsbeispiele konzentrieren, damit Sie für Ihre Praxis gut gerüstet sind.

Lo Pan und die Frage der Deklination

Der Begriff der Deklination sollte für alle Feng-Shui-Praktiker geläufig sein, weil die Deklination einen erheblichen Einfluss auf die Auswertung eines Objektes haben kann. Kurz zur Erinnerung:

Den Winkel zwischen geographischem und magnetischem Nordpol bezeichnet man als Missweisung oder Deklination.

Aufgrund der Tatsache, dass der magnetische Pol im Norden nicht mit dem geografischen Nordpol übereinstimmt und auch sonst die Magnetfeldlinien nicht sehr ideal verlaufen, **zeigt der Kompass fast nirgendwo exakt in die Richtung des geographischen Nordens**, sondern je nachdem, wo man sich befindet, mehr nach Osten oder mehr nach Westen. Dies kann in einzelnen Gebieten (nicht in Europa) Abweichungen von über 10°-20° ausmachen. In unseren Breitengraden können wir mit einer Missweisung von bis zu ca. 6° nach Ost und West rechnen.

Man könnte meinen, dass die Erkenntnis über die Deklination eine Errungenschaft der Neuzeit ist. Das ist eine Fehlannahme, denn die Deklination ist bekannt, seit der Mensch einen Kompass zu Navigation benutzt. Wahrscheinlich hat man die Deklination entdeckt, weil sich Seefahrer öfter verfahren haben und einige Kilometer vom geplanten Ziel entfernt gelandet waren. Das Problem der damaligen Zeit lag aber an den fehlenden Möglichkeiten, die Deklination genau zu messen und systematisch zu erfassen. Deshalb konnte man nur durch Studieren alter Karten Rückschlüsse auf die Veränderung der Deklination ziehen. Dabei bleibt schwierig, dass die Wanderung des magnetischen Nordpols keine lineare bzw. kausale Veränderung ist und sich deshalb nicht berechnen lässt.

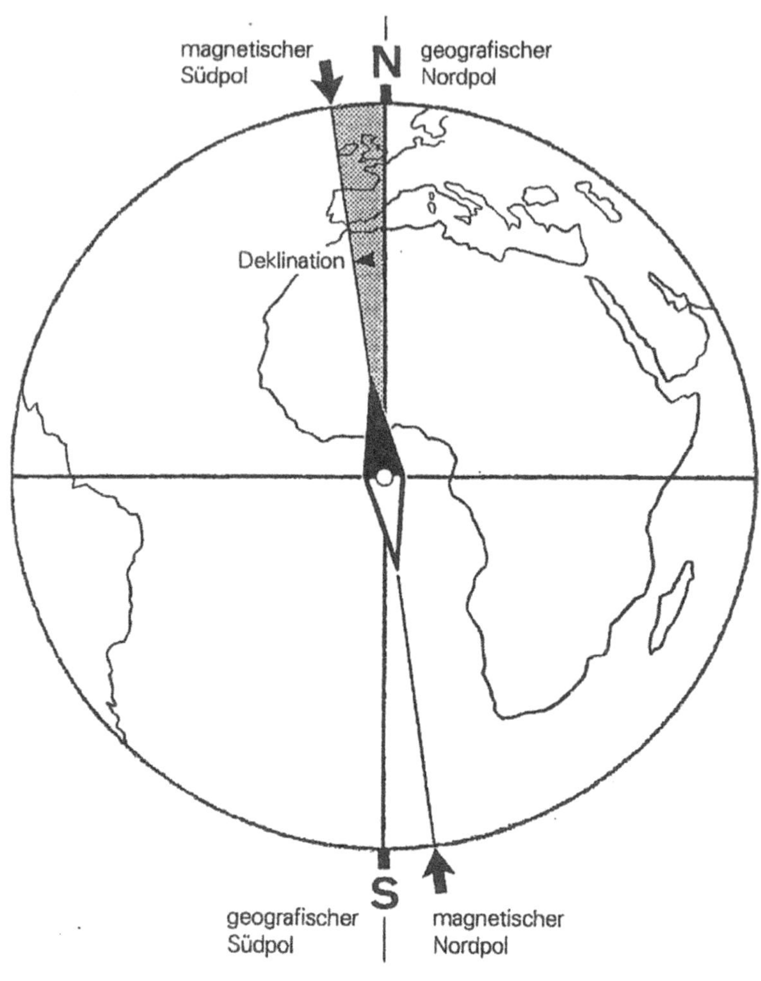

Abb. 2.3 Die Deklination als Missweisung zwischen dem magnetischen und dem geografischen Nordpol. (Bildquelle: Wikipedia)

Ein Lo Pan verfügt über drei wichtige Ringe, die Erdplatte, Menschenplatte und Himmelsplatte genannt werden. Wo sich die Ringe auf Ihrem Lo Pan befinden, müssen Sie anhand der Beschreibung zu Ihrem Gerät herausfinden. Bei dem Modell von Franz-Karl Rösberg sind das die Ringe Nr. 6 = Erdplatte, Nr. 3 = Menschenplatte, Nr. 4 = Himmelsplatte. Auf dem Lo Pan des Westens von Marc Häberlin finden Sie die Erdplatte auf dem 7.Ring, die Menschenplatte auf dem 11.Ring und die Himmelsplatte auf dem 19. Ring. Dominik F. Rollé hat auf seinem Lo Pan die Ringe wie folgt zugeordnet: Erdplatte = 9. Ring, Menschenplatte = 16. Ring, Himmelsplatte = 17. Ring.
An dem Beispiel können Sie deutlich erkennen, wie unterschiedlich die Geräte aufgebaut sind und wie wichtig es deshalb ist, den eigenen Lo Pan einwandfrei ablesen zu können. Sollten Sie bis jetzt noch unsicher im Ablesen des Lo Pans sein, dann wäre es höchste Zeit, diese Lücke zu schließen.
Mit der Bedeutung und Anwendung dieser Ringe werden wir uns im weiteren Lernmaterial noch ausführlich beschäftigen. An dieser Stelle brauchen Sie nur zur Kenntnis zu nehmen, dass es diese Ringe gibt.

Die Erdplatte wird auch die „korrekte Platte“ genannt, weil sie auf die gemessene Himmelsrichtung ausgerichtet wird. Die beiden anderen Platten sind in Relation zu der Erdplatte um jeweils 7,5° nach Osten bzw. nach Westen verschoben. Damit erfassen sie die Schwankungsbreite des magnetischen Nordpols. Eine wissenschaftliche Begründung dazu liefert Joseph Needham (1900-1995), ein bedeutender britischer Sinologe und Biochemiker, die größte Autorität auf dem Gebiet der chinesischen Wissenschaftsgeschichte. Nach seiner Erkenntnis lässt sich die Entwicklung der verschiedenen Platten auf die Kenntnisse der Deklination-Problematik, die bereits in der Tang-Dynastie bekannt war, zurückführen. In dieser Zeit, um das Jahr 900, betrug die Deklination in Südost-China ca. 7,5° nach Osten und zweihundert Jahre später ca. 7,5° nach Westen. Genau diese Verschiebungen sind an der Menschen- bzw. Himmelsplatte gegenüber der Erdplatte abzulesen. Durch diese drei Platten sollten also die Schwankungen des magnetischen Nordpols aufgefangen und so die Auswertung optimiert werden.

Vor dem Hintergrund dieser Informationen ist die Berücksichtigung der Deklination bei einer Feng Shui Auswertung ein Muss für jeden professionellen Berater. Weiter Informationen und genaue Anleitungen, wie man die Deklination ausrechnet und berücksichtigt, finden Sie in meinem Profitipp 2, den Sie kostenlos auf meiner Website „www.fengshui-classic.de" herunterladen können.

Altes Wissen im Spiegel der kulturellen und gesellschaftlichen Einflüsse

Feng Shui ist eine universelle und zeitunabhängige Lehre. Diese Feststellung stimmt, sofern die Überlieferungen, Regeln und Gesetzte dieser Lehre in ihrer ursprünglichen Form vor dem Hintergrund der politischen, religiösen und gesellschaftspolitischen Entwicklung gesehen und angewandt werden.

Feng Shui ist eine Lehre, die von unserer Betrachtungsposition aus einer fremden Kultur, einem weit entferntem, exotischen Land stammt. Die Gepflogenheiten, Bräuche und Lebensansichten dieser Kultur weichen erheblich von unseren Wurzeln ab.

Hinzu kommen Einflüsse, die von politischen Ideologien, jeweils geltenden Gesetzen und sozialen Grundlagen der Gesellschaft geprägt sind.

Sobald diese Lehre auf eine andere Kultur, z.B. unsere westliche übertragen wird, muss zwischen den einzelnen Schichten deutlich unterschieden werden.

Feng Shui in der heutigen Zeit und in unserer Kultur anzuwenden bedeutet, sich auf die archaischen, ursprünglichen Werte dieser Lehre zu berufen und sie mit Inhalten, die unserer Lebensweise nah stehen, zu füllen.

Diese Feststellung bezieht sich selbstverständlich nicht nur auf die Anwendung des Lo Pans, sondern gilt allgemein, unabhängig davon, welche Feng Shui Methode angewandt wird. Was das in der Praxis bedeutet, zeigt folgendes Beispiel.

In den Entsprechungen der Trigramme finden wir unter anderem den Bezug zu Familienmitgliedern. Die Grundlagen dieser Bezüge basieren auf den Lehren des Konfuzius. Er definierte Struktur und Hierarchie als die wichtigsten Werte einer sozialen Gesellschaft. Nur wenn eine Gruppe nach strengen, hierarchisch angeordneten Prinzipien lebt, ist sie imstande ein erfolgreiches und befriedigendes Leben zu führen. Die Gesetze der Struktur und Hierarchie galten damals als unveränderbar und universell gültig. In diesem Licht wurden sie auch auf einen Lo Pan übertragen und konnten in ihrer direkten Bedeutung angewandt werden.

Wenn wir jedoch heute, Jahrhunderte, ja sogar Jahrtausende später, Feng Shui anwenden, tun wir es in einer Gesellschaft, die hierarchische Dogmen und Strukturen, zumindest im privaten Leben, längst verworfen hat. Außerdem hat sich das Familienbild grundlegend verändert. Eine altchinesische Familie bestand typischerweise aus 8 Mitgliedern, das heißt aus den Eltern und 6 Kindern (3 Söhne und 3 Töchter). Heute besteht eine Durchschnittsfamilie meistens aus 4 Personen, wobei Singlehaushalte oder kinderlose Paare selbstverständlich als gleichwertig gelten.

Würden wir also die konfuzianischen Einflüsse wörtlich nehmen, müsste z.B. die Entsprechung des Trigramms KUN ausschließlich der Mutter und das Trigramm CHIEN dem Vater gewidmet werden. Bei dieser Vorgehensweise stoßen wir aber sehr schnell an die Grenze der Anwendbarkeit und der Glaubwürdigkeit. Was wäre z.B. zu tun, wenn keine Tochter in einer Familie ist? Würde das Trigramm nicht mehr gelten?

Betrachten wir jedoch das konfuzianische Prinzip genau und ziehen die Essenz seiner Intention heraus, dann stellen wir fest, was sich hinter der familiären Struktur verbirgt. Die Mutter repräsentierte die stärkste weibliche Kraft. Sie bemutterte und umsorgte die Familienmitglieder. Der Vater repräsentierte die Familie nach außen und trug die Macht mit sich. Seine Entscheidungen wurden aber in der Familie, mit dem weitreichenden Einfluss der Mutter vorbereitet und getroffen. Man könnte sagen: der Vater war der Kopf der Familie, doch die Mutter der Hals, der den Kopf drehte.

Vor diesem Hintergrund lassen sich unzählige Merkmale, die mit den beiden Trigrammen in Verbindung stehen, kulturunabhängig und sozialpolitisch neutral interpretieren. Damit bedeutet die SW-Richtung, die dem Trigramm KUN entspricht, nicht, dass in dieser Richtung am besten das Zimmer der Mutter oder ihr Bett zu platzieren ist. Es ist die Richtung, in der sich Fürsorge, Geborgenheit aber auch hintergründige Macht und unterschwellige Beeinflussung besonders gut entfalten können.

Nach demselben Prinzip lassen sich Parallelen in Hinblick auf die politische Machtstruktur der Kaiserzeit in China aufstellen. Die Position des damaligen Kaisers kann heute mit einem/einer Vorgesetzten, einem/einer Führer/in oder einfach einer starken Persönlichkeit besetzt werden. Die geschlechtlichen Zuordnungen im klassischen Sinne „Mann und Frau" müssen ebenfalls der Zeit entsprechend korrigiert werden.

Zusammenfassend ergibt sich daraus folgende Empfehlung:

Die Bezeichnungen und Regeln, die sich aus den kulturellen, religiösen und sozialpolitischen Überlieferungen ergeben, sind lediglich als Metapher (Bilder) zu verstehen und als solche zu interpretieren.

Die Interpretation bezieht sich unmittelbar auf ihre grundlegende, ursprüngliche Bedeutung. Die Kunst des Beraters liegt in der entsprechenden Anpassung der Erkenntnisse auf die Gegebenheiten des heutigen Lebens.

In folgenden Ausführungen wird konsequent auf die kulturellen und sozialpolitischen Einflüsse hingewiesen und damit ihre Interpretation erleichtert.

Der Lo Pan und seine psychologische Wirkung

Ein Feng Shui Berater, der mit einem Lo Pan arbeitet, wirkt professionell und für den Kunden glaubwürdig. Diese Tatsache darf nicht unterschätzt werden. Selbstverständlich soll die Arbeit des Beraters nicht nur fachmännisch aussehen, sondern auch so sein. Mit einem Lo Pan rumzuhantieren und so zu tun, als ob man etwas davon verstehen würde, kann den Kunden kurzfristig beeindrucken, doch die wahre Qualität der Beratung kommt garantiert früher oder später ans Tageslicht. Deshalb sollten Sie auf keinem Fall einen Lo Pan bei Kundenkontakten benutzen, wenn Sie mit dem Gerät nicht souverän umgehen können.

Dazu fällt mir eine Geschichte ein, die mir vor einigen Jahren eine Kundin erzählte. Ich wurde von der Kundin engagiert, nachdem Sie mit einer anderen Kollegin nicht wirklich zufrieden war. Solche Situationen betrachte ich als sehr schwierig, weil ich nicht weiß, warum die Unzufriedenheit aufgekommen ist. In dem Fall erfuhr ich aber schnell, woran es lag. Die Kollegin benutzte bei der Beratung einen echten chinesischen Lo Pan. Beim ersten Gespräch verlief alles prima, sie zeigte sich sehr kompetent und genau bei der Datenaufnahme und den Messungen. Der Ehemann meiner Kundin zeigte starkes Interesse an dem Lo Pan und ließ sich einiges dazu von ihr erläutern. Das zweite Beratungsgespräch, bei dem auch der Sohn der Klientin anwesend war, brachte eine ungeahnte Wende. Er studierte seit Jahren Sinologie und kehrte damals gerade von einem zweijährigen Studienaufenthalt in China und Taiwan zurück. Auch er interessierte sich für den Lo Pan und stellte Fragen. Die Beraterin versuchte auch ihm zu antworten, leider rechnete sie nicht damit, dass er die chinesischen Zeichen besser lesen und verstehen konnte als sie. Leider deckten sich seine Übersetzungen überhaupt nicht mit ihren Ausführungen. Nach kurzen Hin und Her stellte sich heraus, dass sie die Zeichen selbst nicht verstand, sondern lediglich mit Hilfe diverser Internetprogramme versucht hat, zu übersetzen. Kein Wunder, dass der Versuch daneben ging.

Aufgrund dieser Tatsache schwand das Vertrauen der Kunden zur Beraterin zusehends, so dass man sich am Ende „im Einvernehmen getrennt hat".

Ich hatte insofern Glück, dass mein Lo Pan in Deutsch beschriftet war und ein peinlicher Reinfall damit ausgeschlossen war.

Ein Lo Pan kann besonders hilfreich bei sogenannten „skeptischen Kunden" sein. Damit habe ich eine nette, persönliche Erfahrung gemacht. Recht oft findet das erste Beratungsgespräch nur mit der Ehefrau statt. Bei zweitem Gespräch lege ich großen Wert darauf, dass beide Partner anwesend sind, damit meine Empfehlungen in der gleichen Qualität sie beide erreichen. Die Kundin wies mich sehr diskret darauf hin, dass ihr Mann dem Thema Feng Shui recht skeptisch gegenüber steht. Und tatsächlich, das Gespräch war nicht leicht. Meine Ausführungen unterbrach er mit skeptischen Fragen und verlangte stets nach Beweisen. So überlegte ich mir einen strategischen Zug, den ich sonst nicht machen würde. Ich legte meinen Lo Pan auf den Tisch und zeigte zu jedem Empfehlungsergebnis die Einstellung des Gerätes, die als Basis jeder Aussage diente. Ich bin mir sicher, weder er, noch seine Frau haben wirklich verstanden wie der Lo Pan funktioniert, doch der Effekt war verblüffend. Die Skepsis verflog, die Augen des Mannes strahlten neugierig und aufmerksam. Am besten fand ich seine Aussage am Ende der Beratung. Er sagte: „Ich wusste gar nicht, dass man die Raumqualität so exakt messen kann".

Ähnliche Effekte erlebe ich auch, wenn ich bei Neubauplanungen Baustellen besuche. Eine Frau in gepflegter Kleidung wird auf einer Baustelle recht unterschiedlich wahrgenommen. Leider nur sehr selten als kompetente Fachperson, insbesondere dann, wenn sie auch noch Ratschläge und Empfehlungen für den Bau ausspricht. Ein wenig „Verkleidung" wirkt wahre Wunder. Ausgestattet mit einem Helm (auch wegen der Sicherheit wirklich sehr empfehlenswert), Gummistiefeln oder Arbeitsschuhen (beim nassen Wetter äußerst nützlich), einem Formularblock und einem Lo Pan wirkt jeder Feng Shui Berater, nicht nur eine Frau, äußerst wichtig und kompetent. Die Aussagen, die man dann macht, haben eine ganz andere Gewichtung und werden entsprechend ernst wahrgenommen.

Es mag sein, dass Sie jetzt ein wenig schmunzeln, doch meine Empfehlungen sind bitterernst gemeint. Wir leben in einer Zeit und in einer Gesellschaft, in der „Verpackung" sehr viel ausmacht. Der Schein öffnet viele Türen und ebnet den einen oder anderen Weg. Solange am Ende nicht mehr Schein als Sein übrig bleibt, dürfte die Arbeit eines Beraters erfolgreich sein.

Unterschätzen Sie deshalb die psychologische Wirkung des Lo Pans nicht und nutzen diese, um die Glaubwürdigkeit und Professionalität Ihre Beratung in der äußeren Wirkung zu unterstreichen.

Aufgaben zur Wissensüberprüfung

Beantworten Sie selbständig die folgenden Fragen bzw. lösen Sie die Aufgaben. So prüfen Sie selbst, ob Sie das Lernmaterial lückenlos verstanden haben. Außerdem festigen Sie dadurch die erworbenen Kenntnisse. Die Musterlösungen zu den Aufgaben finden Sie im Lösungsteil.

Aufgabe 2.1
Welche zwei Instrumente gelten als Vorläufer des Lo Pan?

Aufgabe 2.2
Wozu diente der Löffel in einem „Si Nan Lo Pan"?

Aufgabe 2.3
In der Song-Dynastie wurden diverse Kompass-Nadeln erfunden. Nennen Sie ihre Bezeichnungen. Welche Nadel eignete sich nicht für einen Lo Pan? Welche Nadel wurde am häufigsten verwendet?

Aufgabe 2.4
Warum sollten alte Feng Shui Überlieferungen nicht wortwörtlich genommen werden?

Aufgabe 2.5
Nehmen Sie in 1-2 Sätzen zur folgenden Aussage Stellung:

„Alleine der Einsatz eines Lo Pans bei der Beratung steigert die Fachkompetenz des Beraters in den Augen seiner Kunden. Dabei bleibt es zweitrangig, wie gut der Berater tatsächlich mit dem Lo Pan umgehen kann."

Kompass-Messung in der Praxis

Das Prinzip der Kompass-Messung

Für Sie als Feng-Shui-BeraterIn dürfte der Umgang mit dem Kompass geläufig und auch gut geübt sein. Sicher schadet es aber nicht, dass Wissen rund um die Kompass-Messung aufzufrischen und vielleicht noch die eine oder andere Lücke zu schließen. Bearbeiten Sie die Informationen in dem Kapitel nach eigenem Ermessen, gerne auch etwas zügiger, wenn das Wissen Ihnen sehr gut bekannt ist.

Die Basis zur Bestimmung der Himmelsrichtungen liegt in der magnetischen Struktur der Erde.

Die Linien des Erdmagnetfeldes verlaufen zwischen dem magnetischen Nord- und Süd-Pol. Mit Hilfe einer Magnetnadel kann die Richtung des magnetischen Nordpols ermittelt werden.

Bei den Begriffen des Nord- und des Südpols muss unbedingt zwischen den geographischen und den magnetischen Polen unterschieden werden.

Die geographischen Pole sind auf bestimmte Punkt festgelegt und dienen der Orientierung und zur Navigation auf der Erde (Wandern, Autofahren), in der Luft (Flugzeuge) und auf dem Wasser (Schifffahrt). Sie **verändern ihre Lage nicht**.

Die magnetischen Pole verändern stets ihre Lage und wandern um die geographischen Pole herum. Bei einer Kompass-Messung wird die Lage des magnetischen Nordpols erfasst. Den Winkel bzw. die Abweichung zwischen dem geographischen und dem magnetischen Pol bezeichnet man als **Missweisung oder Deklination.** Darüber haben Sie bereits im zweiten Kapitel und im kostenlosen Praxistipp gelesen.

Für alle Betrachtungen und Auswertungen im Feng Shui ist die Lage des Objektes in Relation zum magnetischen Pol maßgebend.

Die genaue Lage in Bezug auf die geographischen Pole ist ohne Bedeutung. Diese Tatsache erleichtert die praktische Vorgehensweise, denn eine durchgeführte Messung kann so direkt und ohne Umrechnung auf die geographischen Werte übernommen werden.

Lediglich wenn Ausrichtungen anhand von Satellitenbildern, z.B. über Google Earth, vorgenommen werden (das wird noch unser Thema werden), dann ist ein Zurückrechnen von der geographischen zu magnetischen Ausrichtung in der Regel empfehlenswert.

Mithilfe der Kompassnadel wird die Richtung des magnetischen Nordens ermittelt. Die magnetische (meist rot markierte) Nadelspitze hat die Eigenschaft, sich immer nach Norden auszurichten. Vorsicht bei alten, traditionellen Geräten aus China. Hier wird meistens das nach Süden zeigende Ende der Nadel markiert.

Ausgehend vom Norden teilt sich die Skala des Kompasses in die Abschnitte der jeweiligen Himmelsrichtung. Es gibt mehrere gebräuchliche Skalen-Einteilungen. Die häufigste und für Feng Shui am besten geeignete, ist **die Gradeinteilung**. Dabei wird der Kreis in 360 Grad (°) eingeteilt:

Norden befindet sich bei 0° oder 360°
Süden befindet sich bei 180°
Osten befindet sich bei 90°
Westen befindet sich bei 270°

Diese für uns heute so selbstverständliche Aufteilung hat ihren Ursprung in der Shang-Dynastie. Die entsprechenden Hinweise sind auf alten Orakelknochen zu finden. Die Erde wurde darauf in „vier Viertel", entsprechend den 4 Haupthimmelsrichtungen aufgeteilt. Eine weitere Verfeinerung der Aufteilung fand zwischen dem 5. und 3. Jahrhundert

v. Chr. in dem chinesischen Werk „Shu Jing“ (Buch der Urkunden) statt. Dort wird die Erde in neun Regionen nach einem festgelegten Raster unterteilt. Die neun Bereiche entsprachen den 8 Himmelsrichtungsbereichen (4 Haupt- und 4 Zwischenrichtungen) und der Mitte, die „Ming Tang“ (Halle des Lichts) oder „Tian tan“ (Himmelsaltar) genannt wurde.

Die Entdeckung und praktische Einführung des Kompasses erlaubte weitere Verfeinerungen der Aufteilung und die Wiederholbarkeit einer Messung.

Für eine Feng Shui Analyse benötigen wir eine sehr genaue, möglichst auf ein Grad abgestimmte Messung der Himmelsrichtung. **Auf dem Lo Pan befindet sich die Skala der Gradrichtungen auf dem äußeren Ring, um seine Lesbarkeit maximal zu steigern.** Die Skala ist in 360 Abschnitte zu je einem Grad unterteilt. Die Bereiche der 8 Himmelsrichtungen erstrecken sich wie folgt:

Norden	337,5° - 22,5°
Nordosten	22,5° - 67,5°
Osten	67,5° - 112,5°
Südosten	112,5° - 157,5°
Süden	157,5° - 202,5°
Südwesten	202,5° - 247,5°
Westen	247,5° - 292,5°
Nordwesten	292,5° - 337,5°

Die Genauigkeit von 0,5° ergibt sich aus der rein rechnerischen Aufteilung: 360° : 8 = 45°, wobei die 45° in zwei Abschnitte zu je 22,5° von der Mitte der Himmelsrichtung aufgeteilt werden. Beispiel:

Die Mitte des Südens liegt bei 180° und erstreckt sich über ein Bereich von 45°. Die Grenzen des Südens liegen also bei: 180° + 22,5° = 202,5° bzw. 180° - 22,5° = 157,5°.

Bei einer praktischen Messung und Auswertung ist folgende Tatsache von grundlegender Bedeutung:

Eine in Gradzahl gemessene Richtung ist immer einem Himmelsrichtungsbereich, der sich über 45° erstreckt, zuzuordnen.
Fällt ein Ergebnis trotz mehrerer Messungen an unterschiedlichen Punkten des Untersuchungsobjektes stets exakt auf die Grenze zwischen zwei Himmelsrichtungsbereichen, dann kann kaum eine zuverlässige und aussagekräftige Auswertung zahlreicher Feng Shui-Krierien vorgenommen werden.

In klassischen Texten zu Feng Shui wurden solche Objekte grundsätzlich als ungünstig eingestuft. Die unvorteilhafte Situation resultiert daraus, dass die Energie des Gebäudes nicht eindeutig bestimmt und definiert werden kann. So sind auch keine Deutungen und Tendenzen der Wohnsituation möglich. Ob ein solches Haus wirklich ungünstig ist, lässt sich leider aus oben genannten Gründen nicht feststellen. Es kann mit etwas Glück auch eine vorteilhafte Konstellation aufweisen. Tatsache bleibt, dass „Überraschungen" in jeder Hinsicht möglich sind.

Eine korrekte Messung setzt sicheren, gekonnten Umgang mit einem Kompass voraus. Fehlmessungen können dennoch auftreten, wenn **potentielle Störungsquellen im Umfeld der Messung nicht beachtet werden**.

Der Kompass und insbesondere seine Magnetnadel ist ein sehr empfindliches Messinstrument. Die Funktion der Magnetnadel beschränkt sich auf ihre **Reaktion auf magnetische Einflüsse**, im korrekten Fall des magnetischen Nordpols der Erde. Leider können **magnetische Gegenstände oder Objekte in der direkten Umgebung** die Nadel beeinflussen und so die Messung der Himmelsrichtung verfälschen.

Magnetisch wirken Gegenstände, die bestimmte Metalle enthalten. Sie werden auch „ferromagnetisch" genannt. Hierzu zählen Eisen, Kobalt, Nickel sowie manche Legierungen.

Ein weiteres Problem können elektrische Leitungen darstellen. Auch sie lenken die Magnetnadel ab.

Wichtig ist, den Kompass während der Messung fern von allen möglichen Störungsquellen zu halten.

Die notwendige Entfernung von der Störungsquelle richtet sich nach ihrer Stärke. Bei einem Metallzaun, einem Auto oder einer Straßenlaterne reichen ca. 1.5 bis 2m. Im Fall eines Starkstrommastes können bis ca. 50-80m notwendig sein.

Nachfolgend noch einige Beispiele für Störungsquellen, die bei einer Objektmessung im Freien auftreten können:

- eine Armbanduhr am Handgelenk, der den Kompass haltenden Hand,
- Metallschmuck (kein Gold oder Silber) als Kette oder Brosche, Schlüsselbund, Kleingeld in der Hosentasche, eingeschaltetes Handy in der Jackentasche
- große Metallknöpfe oder ein Reißverschluss aus Metall an der Kleidung, Gürtelschnalle
- ein Zaun, eine Straßenlaterne
- ein Trafo-Häuschen
- ein Auto oder Fahrrad
- Elektroleitungen (über und unter der Erde).

In geschlossenen Räumen werden Kompassmessungen um ein Vielfaches stärker beeinflusst als im offenen Gelände. Alle Elektrogeräte, Leitungen, Heizkörper, Metallmöbel, Lampen und viele andere Wohngegenstände können die Kompassnadel ablenken. Aufgrund der Größe der Räume ist der nötige Abstand nur schwer einzuhalten.

Messung der Ausrichtung eines Gebäudes

Für nahezu jede Feng Shui-Analyse liefert die Ausrichtung eines Gebäudes die entscheidende Grundlage für alle weiteren Auswertungen. Leider können bei einer Messung der Ausrichtung sehr leicht Fehler unterlaufen. Deshalb fassen wir die wichtigsten Schritte einer Messung zusammen.

Hinter dem Begriff „Ausrichtung" ist die mit dem Kompass gemessene Gradzahl der Blick- und Sitzrichtung gemeint. Um diese Gradzahlen zu ermitteln, muss die Messung nicht zwangsweise an der Frontseite des Gebäudes erfolgen. Es reicht vollkommen aus, an einer beliebigen Seite des Gebäudes zu messen und von dieser Messung aus alle übrigen Ausrichtungen auszurechnen.

Eine Kompass-Messung soll deshalb an der Seite des Gebäudes erfolgen, die leicht zugänglich ist und auf die keine sichtbare oder zumindest vermutete Störungsquellen wirken.

Unter den Voraussetzungen scheidet die Straßenseite oft aus. Hier befinden sich meistens unterirdische Zuleitungen (Gas/Strom/Wasser/Telefon) zum Haus. Unter dem Bürgersteig verlaufen ebenfalls viele Leitungen, Kabel etc. Sie können zu erheblichen Messabweichungen führen.

Auf keinem Fall sollten Sie den Lo Pan auf die Erde legen oder mit einer Seite an eine Wand anlehnen. Die Erde bzw. der Untergrund lenkt garantiert die Kompass-Nadel ab. In der Mauer eines Hauses befinden sich

Einsenverstrebungen, Elektroleitungen und andere metallische Bauteile. Wo sie genau verlaufen, können Sie von außen nicht erkennen und die Gefahr ist groß, dass diese Bauteile auf den an der Wand angelehnten Lo Pan störend wirken.

Wie gehen Sie also korrekt vor?

1. Wählen Sie eine möglichst störungsfreie Seite des Hauses aus.

2. Stellen Sie sich parallel mit dem Rücken zum Haus hin. Wenn Sie sicher sein wollen, ob Sie tatsächlich parallel zum Haus stehen, dann können Sie sich zuerst an die Hauswand anlehnen und dann geradeaus 2-3 Schritte nach vorne gehen, ohne die Körperachse zu verdrehen. Noch exakter geht es mit Hilfe eines Zollstocks. Wie das geht, erfahren Sie in meinem „Profitipp 1", den Sie kostenlos von der Website „www.fengshui-classic.de" herunterladen können.

3. Halten Sie den Lo Pan gerade, d.h. parallel zum Körper. Achten Sie darauf, dass der Lo Pan auch korrekt waagerecht in der Hand liegt. Eine schräge Lage kann das freie Drehen der Kompass-Nadel blockieren. Manche Geräte verfügen über eine integrierte Wasserwaage, die bei der waagerechten Ausrichtung hilfreich ist.

   In der Abbildung 3.1 sehen Sie als Beispiel eine korrekte Messung. In diesem Fall wurden die Gartenseite und die linke Seite als geeignet ausgewählt. Es hätten aber genauso gut die rechte oder die Straßenseite sein können, vorausgesetzt, dass sich dort keine Störungsquellen befinden.

   Übrigens, es spielt keine Rolle an welcher Stelle Sie entlang der einen Hausseite stehen, ob mittig, mehr rechts oder mehr links, solange Sie parallel zum Haus bleiben und Ihre Körperachse nicht verdrehen. Im Idealfall, d.h. bei korrekter Handhabung und keinen Störungen, müssen alle Messungen entlang einer Hausseite identisch sein. Die Abweichung in Bezug auf den magnetischen Nordpol sind so gering (im Bereich von Grad-Sekunden), dass sie ein Kompass gar nicht erfassen kann.

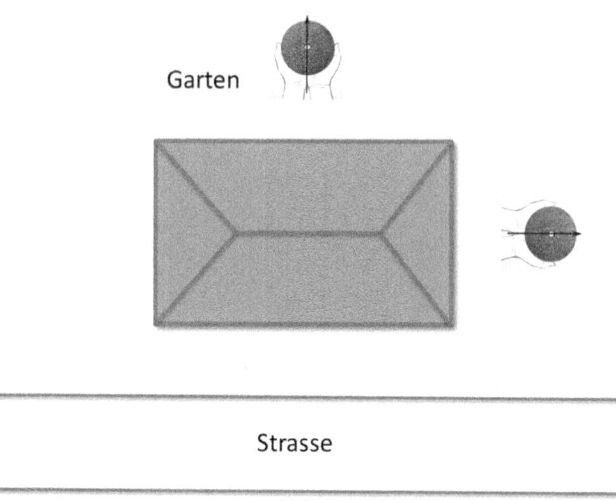

Abb. 3.1: Kompass-Messung an einem Haus

4. Eine einzige Messung, auch die sorgfältigste, gibt noch keine Sicherheit, dass sie tatsächlich stimmt. Es sind weitere Kontrollmessungen notwendig. Machen Sie jedoch die Kontrollmessungen nicht an irgendeiner anderen Stelle, weil Sie dann bei einer Abweichung nicht feststellen können, welche der beiden Messungen stimmt.
   Bleiben Sie unbedingt an dem ursprünglichen Platz stehen. Drehen Sie sich zuerst um 90° nach rechts und messen erneut. Weicht das Ergebnis um 90° von der ersten Messung, dann besteht die gute Chance, dass sie stimmt. Eine Abweichung von 1-2° ist in Kauf zu nehmen, weil wir uns nicht so exakt drehen können.
   Drehen Sie sich wieder an der Stelle um 90° nach rechts. Jetzt müssten Sie ein Wert +180° zur ursprünglichen Messung erhalten. Wiederholen Sie die Kontrollmessung zum dritten Mal, beträgt die Differenz 270°.

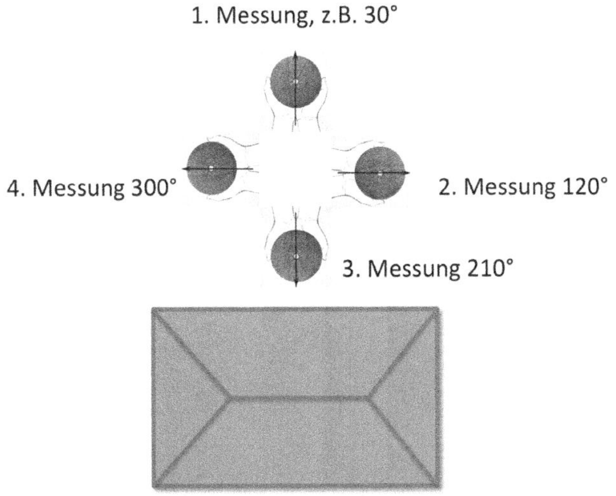

1. Messung, z.B. 30°

4. Messung 300°

2. Messung 120°

3. Messung 210°

Abb. 3.2: Kontrollmessungen

Haben Sie also bei jeder Drehung eine Differenz von ca. 90° zur vorherigen Messung erhalten, dann können Sie davon ausgehen, dass der Messpunkt ungestört ist und die Messung korrekt durchgeführt wurde.
Wäre der Platz gestört oder die Messung fehlerhaft, dann würde sich der Messfehler nicht so exakt fortsetzen. Im Fall einer nicht korrekten Messung oder eines gestörten Platzes, würde die Differenz jeweils schwanken und z.B. einmal deutlich unter und einmal deutlich über 90° betragen. Eine Störung des Platzes und damit die Ablenkung der Nadel verlaufen nicht zentrisch um einen Punkt herum, sondern setzen sich verzerrt fort.

Sollten die Kontrollmessungen zeigen, dass der Platz unsicher ist oder die Messung nicht korrekt, dann wechseln Sie den Messpunkt (einige Schritte nach links, rechts oder vorne, bzw. eine andere Hausseite). Wiederholen Sie an dem neuen Messpunkt unbedingt auch die Kontrollmessungen.

Manchmal fordert diese Vorgehensweise die Geduld des Beraters heraus. Doch geben Sie bitte nicht auf! Ohne eine korrekte und sichere Messung bleiben viele weitere Auswertungen völlig nutzlos.

5. Nachdem Sie eine korrekte Messung durchgeführt und die Ausrichtung ermittelt haben, berechnen Sie, falls die Messung nicht an der Frontseite erfolgt ist, die Blickrichtung des Hauses.
   Im vorgestellten Beispiel wurde im Garten, d.h. auf der Rückseite gemessen. Die gemessenen 30° bedeuten damit die Sitzrichtung. Die Blickrichtung beträgt:
   30° + 180° = 210°

Die beschriebene Vorgehensweise ist selbstverständlich nicht nur bei der Messung an einem Gebäude anwendbar, sondern sie trifft auch auf Messungen an Grundstücken, markanten Objekten oder landschaftlichen Formen zu.

Messung der Fliessrichtung bei Wasser und Straßen

Bei einigen Auswertungen, z.B. den „Wassertoren", mithilfe des Lo Pans, werden Sie sich mit der Fliessrichtung, dem sogenannten Zufluss und Abfluss, auseinander setzen müssen. Dabei ist besonders wichtig, zwischen der **RICHTUNG** und der **LAGE** des Wassers zu unterscheiden.

Die Richtung des Wassers bezieht sich immer auf seine Fliessrichtung, d.h. aus welcher Himmelsrichtung es zufließt und in welche Himmelsrichtung es abfließt.

Die Lage des Wassers gibt Auskunft darüber, in welchem Himmelsrichtungsbereich sich in Relation zum untersuchten Objekt das Wasser befindet. Die Fliessrichtung bleibt in dem Fall ohne Bedeutung.

Dazu ein praktisches Beispiel:

In der Abbildung 3.3 sehen Sie eine Lageskizze. Das Haus steht in der Biegung eines kleinen Flusses, in der Skizze „von oben nach unten“ fließt.

Für die Auswertung sind zwei Fragen zu beantworten:

1. Aus welcher Richtung fließt der Fluß zu und in welche Richtung ab?

2. Wie ist die Lage des Wassers in Relation zu dem Haus?

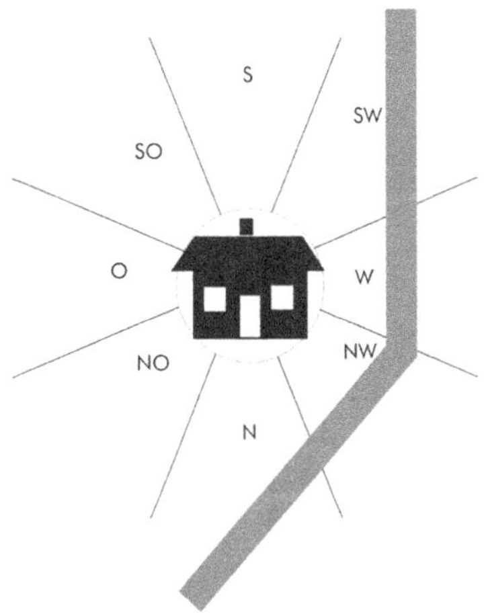

Abb. 3.3: Haus am Bach, Lageskizze

Um die erste Frage zu beantworten, sollte vor Ort die Richtung gemessen werden. Dazu stellt man sich am besten direkt an das Ufer des Flusses, blickt in seine Fließrichtung und misst die Richtung, in die man schaut. Die Abbildung 3.4 verdeutlicht den Vorgang.

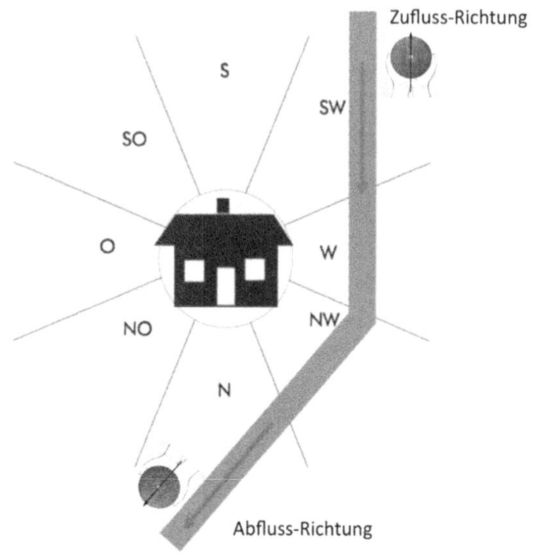

Abb. 3.4: Fließrichtungen

Hier wurden für den Zufluss 180° und für den Abfluss 50° gemessen. Das bedeutet: der Fluß fließt aus Süd zu und nach Nordost ab.
Ein Tipp: notieren Sie in der Praxis immer die Gradzahl und nicht nur die Himmelsrichtung bei einer Messung. Für viele Auswertungen an den einzelnen Ringen wird die genaue Gradeinstellung benötigt. Bei einigen Regeln dagegen reicht die Himmelsrichtung an sich aus.

Die zweite Frage nach der Lage ist einfacher. Sie lässt sich aber erst beantworten, wenn Sie den Lageplan des Objektes gemäß seiner gemessenen Ausrichtung in die Himmelsrichtungsbereiche aufgeteilt haben.

In unserem Beispiel ist zu sehen, dass der Fluß in den Himmelsrichtungsbereichen SW, W, NW und N liegt. Diese Tatsache wird bei diversen Auswertungen eine Rolle spielen.

Bei Flüssen oder anderem fließenden, echten Wasser ist die Fliessrichtung eindeutig zu erkennen. Sollte das Wasser sehr langsam fließen, so dass Sie mit bloßem Auge die Richtung nicht erkennen können, dann werfen Sie einfach etwas leichtes, z.B. eine Feder auf das Wasser und beobachten mit ein wenig Geduld ihre Bewegung, die der Fliessrichtung entspricht.

Bei Straßen und Wegen, die ebenfalls zu Wasserformen (sogenanntes „virtuelles Wasser") gehören, fließt der Verkehr, bis auf Einbahnstrassen, in beide Richtungen. Welche Richtung ist dann entscheidend?

Bei einer Einbahnstrasse die Richtung festzulegen, dürfte ebenfalls kein großes Problem werden.

Bei Straßen in beide Richtungen ist entscheidend, an welcher Straßenseite das Gebäude steht. Hier zählt die Richtung des Verkehrs auf der zum Haus näheren Straßenseite.

Ein Beispiel zeigt die Abbildung 3.5:

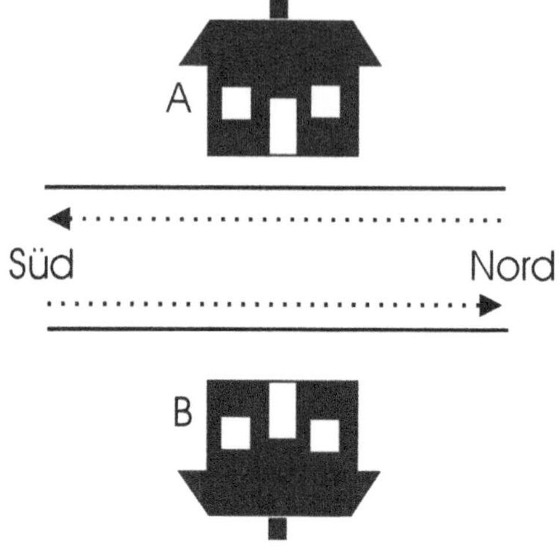

Abb. 3.5: Energiefluss auf einer Straße.

Für das Haus A fließt die Energie von Nord nach Süd.
Für das Haus B fließt die Energie von Süd nach Nord.

Diese Regel gilt überall dort, wo Rechtsverkehr gilt. In Ländern mit Linksverkehr verhält sich der Energiefluss selbstverständlich genau umgekehrt.

Bei sehr engen Straßen, die nur für ein Auto breit genug sind und trotzdem in beide Richtungen befahren werden, lässt sich die Fliessrichtung praktisch nicht eindeutig bestimmen. Die Energieströme erfassen beide Straßenseiten vergleichbar stark. Theoretisch müsste also mit jeweils zwei Zu- und Abflüssen gerechnet werden. Die praktische Erfahrung hat jedoch gezeigt, dass die Wirkung eher unspezifisch bleibt. Deshalb ist es sinnvoller, sich lediglich auf die Auswertung der Lage der Straße zu beschränken.

Bestimmung der Richtung markanter Objekte in der Umgebung

Mit dem Lo Pan lassen sich genauer Einflüsse bestimmen, die durch markante Objekte im Umfeld auf das untersuchte Gebäude ausgeübt werden. Dazu muss die Ausrichtung dieser Objekte in Relation zum Gebäude bestimmt werden. Theoretisch klingt diese Aufgabe nicht sehr schwierig, doch in der Praxis stoßen wir sehr schnell an die Grenzen der Machbarkeit. Die Schwierigkeit verdeutlicht die Abbildung 3.6:

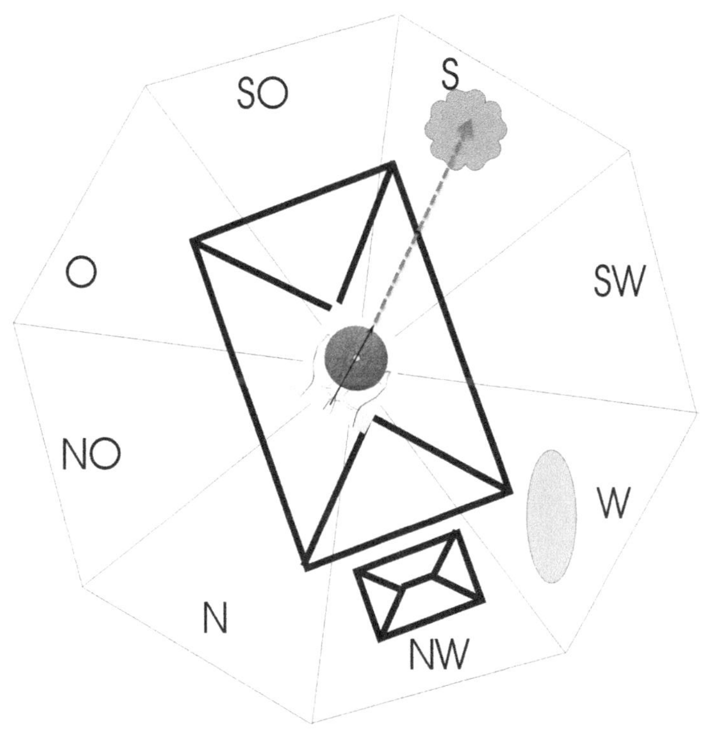

Abb. 3.6: Planskizze zur Auswertung der Umgebung.

Um die Richtung des Baumes im Süden exakt zu bestimmen, müsste der Berater in der Mitte des Grundrisses stehen und den Baum anpeilen. Es ist anzunehmen, dass aus der Position in der Mitte des Hauses der Baum gar nicht zu sehen ist und damit auch nicht angepeilt werden kann. Außerdem wäre eine Kompass-Messung im Gebäude ohnehin zweifelhaft. Man muß sich deshalb irgendwo draußen positionieren, um die Gradzahl des Baumes zu ermitteln. Aber wo wäre der richtige Messpunkt?

In dem Fall müssen wir unseren Blickpunkt tauschen und statt die Richtung des Baumes, die Richtung des Hauses messen. Für die korrekte Messung stellen Sie sich direkt an den Baum und drehen die Körperachse so, dass Sie die Mitte des Hauses anpeilen können. Die so gemessene Richtung muss jetzt nur noch um 180° korrigiert werden und Sie erhalten die Gradzahl des Baumes aus der Sicht des Hauses.
In der Abbildung 3.7 sehen Sie das Verfahren.

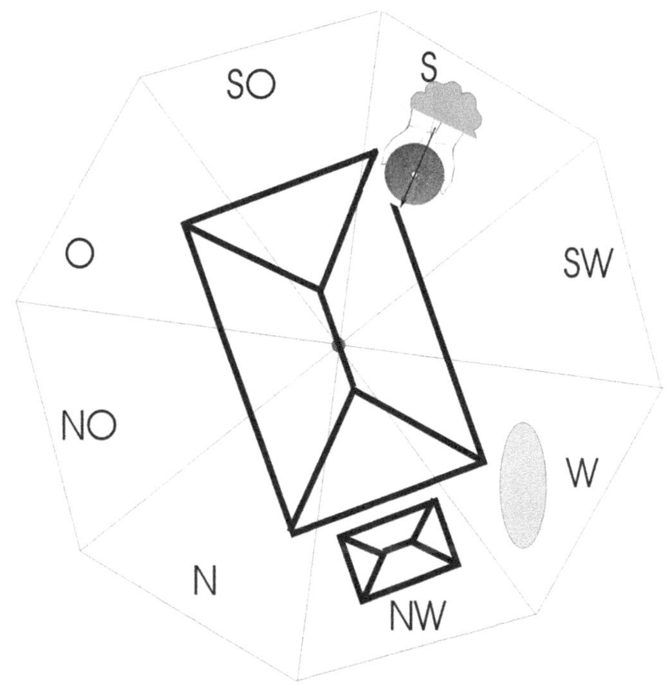

Abb. 3.7: Peilung des Hauses vom Baum aus.

In dieser Art können Sie mit jedem Objekt im Umfeld des Gebäudes verfahren.

Interessant wird es aber, wenn Sie nicht mit einem Baum, bei dem man sich an dem Stamm als Richtung orientieren kann, sondern mit viel größeren bzw. breiteren Objekten zu tun haben. In unserem Beispiel kann es sich dabei um das kleine Nebengebäude handeln.
Welchen Punkt soll man an dem Nebengebäude als Bezugspunkt für die Himmelsrichtung der Lage annehmen?

Eine konkrete und ausschöpfende Antwort auf diese Frage gibt es nicht. Grundsätzlich stehen drei Möglichkeiten zur Auswahl:

1. Die Messung bezieht sich ungefähr auf die Mitte des Objetes.

2. Die Messung erfasst einen markanten, herausragenden Punkt an dem Objekt. Es kann z.B. ein Turm, eine Tür, ein Element der Fassade, eine dominante Form usw. sein. Dieser besonderer Punkt kann nur durch Wahrnehmung vor Ort (was fällt am Objekt sofort auf, was zieht die Blicke an sich) ermittelt werden.

3. Es werden zwei Messungen durchgeführt. Sie erfassen die gesamte Ausdehnung des Objektes, d.h. man peilt nacheinander beide Enden des Objektes an.

Für welche Möglichkeit man sich entscheidet, hängt vom individuellen Fall ab und unterliegt keinen festen Regeln. Versuchen Sie immer vor Ort sich auf die Situation einzustellen. Nehmen Sie die Umgebung ganzheitlich wahr und versuchen zu erspüren, was an einem Objekt wichtig ist: seine Ausdehnung, sein charakteristisches Merkmal oder einfach die Tatsache, dass es da ist. Mit ein wenig Übung und Erfahrung, wird es Ihnen immer leichter fallen, die richtige Wahl zu treffen. Vertrauen Sie darauf.

Wo ist die Mitte?

Ein Lo Pan ist ein Instrument zur Auswertung landschaftlicher Qualitäten. So weit ist es eine unmissverständliche Tatsache. Doch was wird als „Landschaft" definiert? Wie weit erstreckt sich das Areal, das untersucht wird?

Es dürfte inzwischen keine Überraschung sein, dass auch diese Fragen nicht mit einem einfachen Satz zu beantworten sind. Der Grund dafür liegt nicht unbedingt in den komplexen Zusammenhängen des Feng Shui, sondern in der Vielfalt der heutigen Architektur, des Wohnungsbaus, der diversen Regelungen für Grundstücke etc. In der Zeit als die meisten Regel für den Lo Pan zusammen getragen wurden, interessierten niemanden strenge Grundstücksgrenzen, Mehrfamilienhäuser oder zusammenhängende Reihenhäuser. Die Situation war sehr einfach: man hatte ein Stück Areal gefunden und wollte wissen, wie günstig darauf ein Gebäude errichtet werden kann. Heute sind wir durch Regelungen und gesellschaftliche Gepflogenheiten in unserem Tun eingeschränkt: ein Grundstück steht nur in seinen festgelegten Grenzen zur Verfügung, manche Häuser verfügen über gar kein freies Grundstück (außer der Fläche auf der sie stehen) und in einem anderen Untersuchungsfall geht es gar nicht um ein Gebäude, sondern nur um eine Wohnung in einem Hochhaus.

Diese Stolpersteine, die wir bei der Anwendung des Lo Pans heute vorfinden, dürfen uns nicht abschrecken, sondern herausfordern, nach logischen und schlüssigen Auswertungswegen zu suchen.

Nach der Bestimmung der Ausrichtung des zu untersuchten Objektes wird der Grundriss bzw. der Plan gemäß der gemessenen Himmelsrichtung aufgeteilt. Dazu benötigen wir die Mitte des Plans. Worauf bezieht sich aber die Mitte? Auf den Grundriss des Gebäudes? Auf das gesamte Grundstück? Oder nur auf eine untersuchte Wohnung?

Halten wir zuerst eine sehr wichtige Tatsache fest:

Die meisten Untersuchungen mithilfe des Lo Pans beziehen sich auf die Relation zwischen der Landschaft und einem Objekt.

Bei dem Objekt kann es sich um ein Gebäude, einen Garten, ein Grundstück oder in früheren Zeiten in China um einen Grab handeln. In dem Fall kann es sich aber nicht um eine Wohnung in einem Mehrfamilienhaus handeln, weil diese Wohnung nur ein Teil des Gebäudes ist. Die vorhandenen Landschaftsformen wirken auf das Gebäude als Ganzes und nicht auf jede Wohnung einzeln. Lediglich Regeln, die nicht unmittelbar auf die Relation zu den Landschaftsformen Bezug nehmen, können für eine einzelne Wohnung ausgewertet werden.

Deshalb ist ein Lo Pan vor allem ein Gerät zur Untersuchung von freistehenden Gebäuden, Grundstücken oder Gärten/Parkanlagen. Eine z.B. 2-Zimmer Wohnung in einem Wohlblock mit dem Lo Pan auswerten zu wollen, wäre eher so, wie mit Kanonen auf Spatzen zu schießen. In solchen Fällen kann man den Lo Pan selbstverständlich bei der Untersuchung nutzen, z.B. zur Messung der Ausrichtung oder Ermittlung der günstigen Richtungen. Die meisten Ringe jedoch würden hier unberücksichtigt bleiben.

Nun aber zurück zur Bestimmung des Mittelpunktes.

1. **Es soll ein Gebäude untersucht werden.**
   Der Mittelpunkt liegt in der Mitte des Grundrisses des Gebäudes und die Himmelsrichtungsbereiche werden über die Mauer hinaus gezogen. Die betrachtete Landschaft erstreckt sich über die Grenzen des Grundstücks hinaus. Wie weit, das ist von Fall zu Fall unterschiedlich und hängt mit der Art der Umgebung zusammen. Berücksichtigt werden alle Elemente der Landschaft, die man vom Gebäude aus betrachtet, wahrnehmen kann (bitte nicht mit „Sehen“ gleich setzten).
   Diese Situation entspricht dem Beispiel in der Abbildung 3.6.

2. **Es soll ein Grundstück für ein Neubau untersucht werden.**
   Bei Baugrundstücken steht das genehmigte Baufenster (Fläche, die bebaut werden darf) meistens fest. Innerhalb dieser Fläche wird auch das künftige Haus stehen. Deshalb können wir die Mitte des Baufensters als Bezugspunkt nehmen, um die Einflüsse auf das geplante Gebäude zu untersuchen.
   Bei Grundstücken, bei denen keine Regelungen zur Nutzung der Fläche vorgegeben sind, ermitteln wir den Mittelpunkt des gesamten Grundstücks.

3. **Es soll ein Garten, Gartenanlage oder ein Park untersucht werden.**
   Auch hier nehmen wir Bezug auf die gesamte Fläche und ermitteln ihren Mittelpunkt.

Zum Abschluss noch ein Tipp, wie Sie vor Ort auf freien Grundstücken die Mitte feststellen können.
Ab und zu hat man als Berater das Glück bei einer Grundstücksauswahl mitzuwirken. In solchen Fällen erwarten die Auftraggeber, dass eine kurze Analyse vor Ort wichtige Hinweise zur Grundstücksqualität liefert. Die Grenzen (Eckpunkte) eines Grundstücks werden immer beim amtlichen Vermessen mit speziellen Markierungen gekennzeichnet. Die Mitte müssen Sie aber schon selbst finden. Ein genaues Vermessen mit dem Maßband, dürfte auf die Schnelle zu aufwendig zu sein. Machen Sie es deshalb nur mit Schritten.
Zuerst schreiten Sie eine Seite des Grundstücks mit gleichgroßen Schritten ab. Zählen Sie unbedingt ihre Schritte. Am Ende des Grundstücks wenden Sie und gehen die Hälfte der gezählten Schritte wieder zurück. An dem Punkt angekommen, drehen Sie sich um 90° und schreiten die Breite des Grundstücks mit Schritte-Zählen ab. Dann wieder wenden und die Hälfte des Weges zurückgehen. So landen Sie mehr oder weniger im Mittelpunkt des Grundstücks. Die Skizze in der Abbildung 3.8 macht es deutlicher.

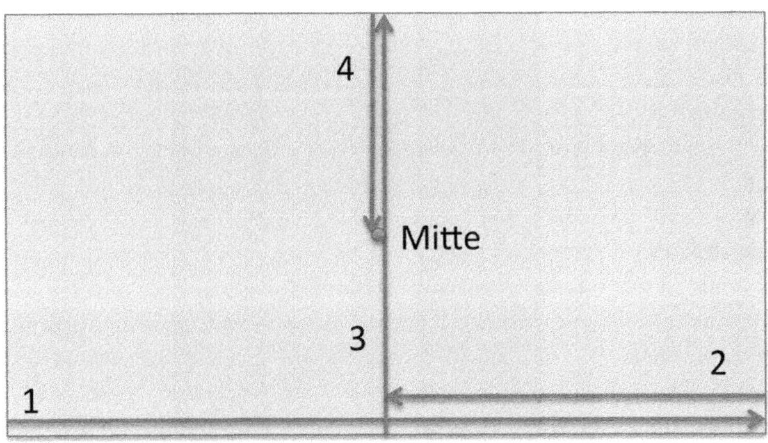

Abb. 3.8: Abschreiten eines Grundstücks.

Es funktioniert leider nur bei regelmäßigen, rechteckigen Grundstücken. Bei unregelmäßigen Formen benötigen Sie den Flurplan im Maßstab 1:100. Zuerst wird der Mittelpunkt auf dem Papier gefunden und danach anhand der Maße vor Ort abgemessen oder abgeschritten.

Aufgaben zur Wissensüberprüfung

Beantworten Sie selbständig die folgenden Fragen bzw. lösen Sie die Aufgaben. So prüfen Sie selbst, ob Sie das Lernmaterial lückenlos verstanden haben. Außerdem festigen Sie dadurch die erworbenen Kenntnisse. Die Musterlösungen zu den Aufgaben finden Sie im Lösungsteil.

Aufgabe 3.1
Über wie viel Grad erstreckt sich ein Himmelsrichtungsbereich?

Aufgabe 3.2
Mit welcher Konsequenz ist zu rechnen, wenn keine genaue Kompassmessung möglich ist oder die gemessene Richtung sich nicht eindeutig zuordnen lässt?

Aufgabe 3.3
Was ist von einer Kompass-Messung neben einem parkenden Auto zu halten?

Aufgabe 3.4
Nehmen Sie zur folgenden Aussage Stellung:
„An einem Gebäude wird die Kompass-Messung immer am Eingang vorgenommen."

Aufgabe 3.5
Nehmen wir an, in Abb. 3.1 würden 72° an der Seite des Hauses gemessen. Welche Blickrichtung hätte das Haus?

Aufgabe 3.6
In einer Datenerfassung wurde folgendes notiert:
„Swimmingpool = Südwesten"
Wurde damit die Lage oder die Richtung gemeint, warum?

Aufgabe 3.7
Stellen Sie sich vor, in der Abbildung 3.3 handelt es sich nicht um einen Fluss, sondern um eine in beide Richtungen befahrbare Straße. Würden sich dadurch die Zu- und Abfluss-Richtungen ändern? Warum?

Aufgabe 3.8
Welche Antwort stimmt?

Um die Richtung eines markanten Objektes in der Umgebung zu messen, kann man sich:
A. im Fenster des Hauses hinstellen,
B. von der Grundstücksgrenze aus das Objekt anpeilen,
C. sich am Objekt hinstellen und die Mitte des Gebäudes anpeilen.

Aufgabe 3.9
Sie sollen ein freistehendes EFH mit dem Lo Pan untersuchen. Wo würden Sie die Mitte für Ihre Analyse festlegen?

Astrologische Grundlagen

Das System der Himmelsstämme und der Erdzweige

Je nach der Grundausbildung, die Sie absolviert haben, sind Ihnen die Begriffe der Himmelsstämme und der Erdzweige gar nicht, ein wenig oder sehr gut bekannt. Das hängt nicht von der Qualität der Ausbildung ab, sondern von der Art des Feng Shui, das gelehrt wurde. Grundsätzlich gehören astrologische Komponenten nicht unbedingt zu den Grundlagen des Feng Shui. Sie sind ein Teil des chronopsychologischen (ein Begriff von Dr.Manfred Kubny) Systems, im Original „Ba Zi" genannt. Viele Feng Shui Methoden, die räumliche (Ausrichtung) und zeitliche Qualitäten eines Ortes verbinden, benutzen ebenfalls die Himmelsstämme und die Erdzweige. Spätestens bei der Lo-Pan-Nutzung können Sie auf diese Kenngrößen nicht mehr verzichten. Deshalb beschäftigen wir uns mit den Prinzipien der Himmelsstämme und der Erdzweige noch bevor wir zu der Anwendung der einzelnen Lo-Pan-Ringe übergehen.

Sie können die folgenden Inhalte, je nach Ihrem persönlichen Wissensstand, gründlich durcharbeiten oder nur schnell überfliegen. In jedem Fall sollten Sie aber das Kapitel zumindest durchlesen, damit Sie eventuelle Lücken schließen oder Ergänzungen aufarbeiten können.

Die Ursprünge der Anwendung der Himmelsstämme und der Erdzweige gehen auf die frühe Shang-Dynastie (1766-1100 v. Chr.) zurück. Aus dieser Zeit stammen Grabungsfunde von Orakelknochen mit Symbolen der Himmelsstämme und der Erdzweige.

Beide Systeme repräsentieren natürliche Vorgänge, die sich im Laufe eines Jahres am Himmel und auf der Erde vollziehen. Sie kommen durch die Kombination aus einer Wandlungsphase mit der entsprechenden Yin- bzw. Yang-Ausprägung zum Ausdruck.

Die zehn Himmelsstämme dienten zur Beschreibung diverser Himmelsbilder, die zwölf Erdzweige wurden als Beschreibung von Mondphasen und Himmelsrichtungen benutzt.

Die Anzahl der Himmelsstämme (10) und der Erdzweige (12) ist keinesfalls willkürlich gewählt. Die gegenseitige Verflechtung beider Systeme ist in dem Grundlagenwerk der chinesischen Medizin mit dem Titel „Der innere Klassiker des gelben Kaisers" („Huangdi Neijing") dargestellt.

Dort wird die Zahl 6 als die Zahl des Himmels (Trigramm Chen/Qian = der Vater) und die Zahl 5 als die Zahl der Erde (mittlere Position im He Tu und Lo Shu) definiert. Die natürliche Ordnung der asiatischen Lebensanschauung basiert auf einer ständigen Abhängigkeit und Beeinflussung von Erde und Himmel. **Der Himmel erschafft die Ordnung, die durch die Erde mit Materie und Leben gefüllt wird.**

In der Zahl der 10 Himmelsstämme steckt 2x (1x Yin, 1x Yang) die Zahl 5 = Erde verborgen. Die 12 Erdzweige beinhalten wiederum 2x (1x Yin, 1x Yang) die Zahl 6 = Himmel. Damit bleiben beide Systeme immer füreinander gegenwärtig und sind voneinander abhängig.

Die einzelnen Himmelsstämme und Erdzweige weisen außerdem einen direkten Bezug zu Entstehungsprozessen in der Natur auf. Welche Inhalte dies sind, erfahren Sie in den nächsten Kapiteln.

Die Himmelsstämme

Die zehn Himmelsstämme bilden den sogenannten „Kreis des Himmels". Ein Himmelsstamm setzt sich zusammen aus:

- einer Wandlungsphase und
- der Ausprägung Yin oder Yang.

Insgesamt ergeben sich also 10 verschiedene Himmelsstämme. Die Schreibweise der Himmelsstämme, sieht wie folgt aus:

Yin = -
Yang = +

Wandlungsphase:

H = Holz
F = Feuer
E = Erde
M = Metall
W = Wasser.

Zusammengefügt ergeben sich folgende Zeichen:

+H = Yang Holz
- H = Yin Holz
+F = Yang Feuer
- F = Yin Feuer
+E = Yang Erde
- E = Yin Erde
+M = Yang Metall
- M = Yin Metall
+W = Yang Wasser
- W = Yin Wasser

In der Schreibweise der Himmelsstämme steht das Vorzeichen + oder – für Yang bzw. Yin immer vor dem Buchstaben der Wandlungsphase.

Die Himmelsstämme manifestieren sich durch die Beschreibung der natürlichen Veränderungen im Laufe der Jahreszeiten. Die sehr bildhaften chinesischen Schriftzeichen bedienen sich dabei diverser Darstellungen, z.B. einer keimenden Pflanze.

Himmelsstamm (chinesische Bezeichnung in der Pinyin-Umschrift)	**Bild des Schriftzeichens**	**Assoziationen**
+ H (jia)	Der Keimling steckt noch in der Erde und beginnt zu sprießen. Die Erde teilt sich. Es ist eine Bewegung im Verborgenem, nach außen still, innen aufbrechend.	Neubeginn, Keimung von Ideen, Aufbruch, eine noch verborgene Schönheit, keimende Ziele, vorsichtiger Beginn.
- H (yi)	Ein Keimling kommt heraus, die zarten Blätter werden sichtbar. Das neu entstandene Leben fängt an, sich zu manifestieren.	Sich entfalten, Gestalt annehmen, sich umschauen, zielstrebig nach oben, kräftiger werden, etwas Neues ist entstanden, sich formen.
+ F (bing)	Die Helligkeit des Feuers, die extreme Feuerkraft, der Glanz der Flamme. Das Feuer sticht hervor, die Sonne glüht.	Feuer und Flamme für etwas sein, überhitzt reagieren, hitzige Aktivitäten, heiß und hell, grelle Helligkeit, explosionsartige Ausbreitung.
- F (ding)	Das Potential des Feuers, dass sich aus dem Holz aufbaut. Es ist das Glimmen, die Glut, das Brennen. Manchmal wird hier auch ein Bienenstich, der brennt, dargestellt.	Das ruhige Feuer, die wärmende oder auch brennende Hitze, andauernde Begeisterung, ausgewogener Enthusiasmus, produktive Wärme, beständige Kraft.
+ E (wu)	Üppigkeit, Fülle und Vitalität, die Erde, die ihre Früchte trägt. Sie werden mit einem in der Hand gehaltenem Metallwerkzeug geerntet.	Üppig, reif, volle Vitalität, etwas Nährendes, es ist vollbracht, die Früchte des „Holzaufbruchs“ werden geerntet

Himmelsstamm (chinesische Bezeichnung in der Pinyin-Umschrift)	Bild des Schriftzeichens	Assoziationen
- E (ji)	Ein Geflecht aus Quer- und Längsfäden beim Weben. Sie stellen ein Gefüge, eine Regulation, dar. Die Form, an der etwas zu erkennen ist, wird gesponnen. Eine Matrix entsteht.	Struktur und Ordnung, ein festes Gefüge, Verbindungen und Verflechtungen, Netzwerke, Familie, gesellschaftliche Gruppen, geregelte Verhältnisse
+ M (geng)	Zwei Hände, die etwas halten oder bewegen (zwei Hände zu einer „runden Schale" geformt). Es ist das Erz, aus dem Metall entsteht. Aus etwas Altem wird etwas Neues.	Etwas speichern, festhalten, aufbewahren, die Vorbereitung auf eine Zeit des Überdauerns, die Ankündigung einer Veränderung vom Alten zum Neuen
- M (xin)	Das vollendete, bearbeitete Metall kann Schmerz durch seine Schärfe verursachen. Ein leidvolles Zeichen von Strafe und Erniedrigung (Bitterkeit und Leid), aber auch von Vergänglichkeit und Abschied.	Etwas Vergängliches, es geht zu Ende, Melancholie, etwas nachtrauern, ein Wandel ist nicht zu vermeiden, Abschied nehmen
+ W (ren)	Das gespeicherte Wasser im Boden, das den Samen befeuchtet. Tragen von Lasten (oder von einem befruchteten Wesen), Ermüdung	Neue Kräfte werden gesammelt, Überwindung der Erschöpfung, trotz Müdigkeit weiter machen, die Hoffnung nicht verlieren
- W (gui)	Das verdunstende, aufsteigende Wasser, das die Pflanzen in die Höhe treibt.	Die Zeit des Wartens, der Mutmaßung und des Vermutens. Alles ist mit Allem verbunden, alle Wege stehen offen, alle Richtungen sind möglich

Die Angaben der letzen Spalte sind als eine Anregung zu verstehen. Sie sind weder vollständig, noch streng verbindlich. Versuchen Sie sich in die „Stimmung" einer Wandlungsphase zu versetzen, um mithilfe eigener Gedankenverknüpfungen die Tabelle nach Belieben zu ergänzen.

Die Erdzweige

Die Erdzweige bilden das „Quadrat der Erde" und teilen den Tag in zwölf Doppelstunden mit abwechselnder Yin-Yang-Polarität. Auch in Bezug zu den Jahresbezeichnungen sind sie sehr wichtig. Die ursprüngliche Bedeutung der Erdzweige ist weitgehend unklar. Die Schriftzeichen der Erdzweige wurden vor etwa tausend Jahren im volkstümlichen Gebrauch mit Tiernamen bedacht: Ratte, Tiger usw. Bis heute sind sie **mit der Bezeichnung der 12 Tierkreiszeichen belegt**.

Die 12 Tierkreiszeichen werden oft mit den 12 Sternzeichen der westlichen Astrologie verglichen. Sie dienen traditionsgemäß der Deutung chinesischer Horoskope. Alleine mithilfe der 12 Tierkreiszeichen ein Horoskop zu erstellen, ist eher ein partymäßiges Vergnügen. In der Feng Shui Praxis werden wir die 12 Erdzeichen mithilfe der Erdplatte des Lo Pan in eine fachfundierte Analyse einbeziehen.

Ein Erdzweig setzt sich, ähnlich wie ein Himmelsstamm, aus einer Wandlungsphase und der Ausprägung Yin/Yang zusammen.

Zwei Besonderheiten der Erdzweige erlauben es, sofort zu erkennen, ob es sich bei der Darstellung um einen Himmelsstamm oder einen Erdzweig handelt:

Das Zeichen für die Yin-/Yang-Ausprägung (+ oder -) wird immer hinter den Buchstaben der Wandlungsphase geschrieben.

Außerdem wird in der Literatur oft die Bezeichnung mithilfe der Tierkreiszeichen vorgenommen.

Neben der Darstellung drängt sich die Frage auf, wie es 12 Erdzweige geben soll, wenn es nur 10 Kombinationen der Ausprägung und der 5 Wandlungsphasen gibt. Die Antwort liegt in der besonderen Stellung und Qualität der Erde in dem System der 5 Wandlungsphasen.

Die Wandlungsphase Erde tritt innerhalb der 12 Erdzweige immer zwischen den 4 verbleibenden Wandlungsphasen (Holz, Feuer, Metall, Wasser) als Übergang und Abgrenzung auf.

Diese Zuordnung veranschaulicht die Abbildung 4.1:

Die Wandlungsphase Erde tritt also vierfach auf, zweimal als Yin- und zweimal als Yang-Erde.

In der Schreibweise wird es, beim zweitem Erdzweig, mit einer hochgestellten „²" dargestellt:

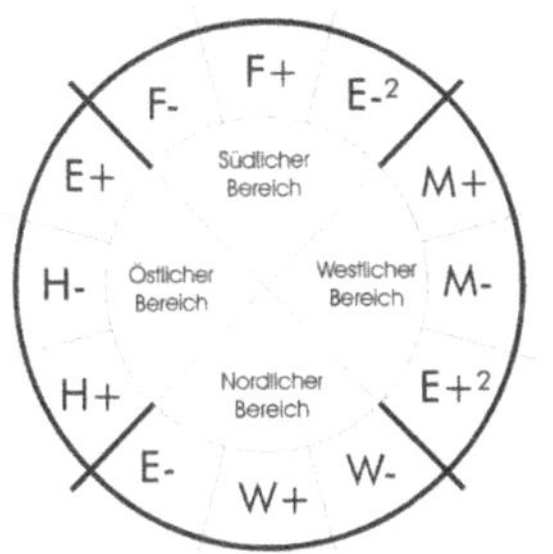

Abb. 4.1 Das System der Erdzweige

E+² bedeutet den zweiten Yang-Erdzweig der Wandlungsphase Erde

E-² bedeutet den zweiten Yin-Erdzweig der Wandlungsphase Erde

Die ersten Erdzweige der Erde werden einfach, ohne zusätzliche Zahlen, dargestellt:

E+ bedeutet den ersten Yang-Erdzweig der Wandlungsphase Erde

E- bedeutet den ersten Yin-Erdzweig der Wandlungsphase Erde

Die Bedeutung und die Interpretation der Erdzweige resultiert vor allem aus ihrer Beziehung zu den Tageszeiten (der Doppelstunden). Außerdem werden in der traditionellen chinesischen Medizin Verknüpfungen zwischen den Erdzweigen und den Meridianen (Energiebahnen im Körper) hergestellt. Mit dieser Zuordnung werden wir uns im weiteren Lernmaterial näher beschäftigen.

In der folgenden Tabelle finden Sie eine Zusammenstellung der Erdzweige mit der Entsprechung der Doppelstunde des Tages, des Tierkreiszeichens und mit der Zuordnung einige Assoziationen bzw. Interpretationen. **Bitte beachten Sie, dass die Assoziationen nicht in Verbindung mit einer astrologischen Bedeutung der Tierkreiszeichen stehen**. Sie weisen lediglich auf den Charakter der Wandlungsphase in diesem System hin.

Erdzweig (chinesische Bezeichnung in der Pinyin-Umschrift)	Doppelstunde	Tierkreiszeichen	Assoziationen
W+ (zi)	23:00 – 01:00	Ratte	Geburt, kleines Kind, Keim, Anfang, Samenkorn, Vermehrung, Fortpflanzung; das Wasser, dass zum Wachstum und der Vermehrung der Pflanzen dient.
E – (chou)	01:00 – 03:00	Büffel	Aus der Erde herauswachsen, etwas durchbrechen, auf Hilfe und Unterstützung angewiesen sein, zerbrechlich
H+ (yin)	03:00 – 05:00	Tiger	Respekt und Achtung, Entwicklung und Veränderung, sich strecken, begrüßen
H – (mao)	05:00 – 07:00	Hase	Empfänglich sein, die Tore öffnen, emporsteigen, sich voll entfalten, viel aufnehmen, aufatmen, hereinlassen; die Pflanze schießt in die Höhe.
E+ (chen)	07:00 – 09:00	Drache	Etwas halten und beschützen, vibrieren, zittern, beben, schüchtern sein, zurückhaltend

Erdzweig (chinesische Bezeichnung in der Pinyin-Umschrift)	Doppelstunde	Tierkreiszeichen	Assoziationen
F – (si)	09:00 – 11:00	Schlange	Reifung, Abschluss einer Entwicklungsphase, vorübergehender Stillstand, ein Etappenziel erreichen
F + (wu)	11:00 – 13:00	Pferd	Höhepunkt, Kampf, das Yang erreicht sein Maximum und schlägt in Yin um, Wendepunkt, Zusammentreffen von Gegensätzen
E-[2] (wei)	13:00 – 15:00	Schaf/ Ziege	Früchte tragen, Fülle und Reichtum, auf den Geschmack kommen, üppig, vollständig, genießen, schwelgen
M+ (shen)	15:00 – 17:00	Affe	Kräftemessen oder auch an einem Strang ziehen, etwas ausdehnen, vollständige Reife
M – (you)	17:00 – 19:00	Hahn	Ein neuer Prozess kommt in Gang, Veränderung (bildhaft: Vergärung) beginnt, Variationen, Möglichkeiten, etwas vergeht, um als etwas anderes zu kommen
E+[2] (gou)	19:00 – 21:00	Hund	Etwas entfernen, Platz schaffen, das Feld für neue Saat vorbereiten, abschneiden, Schlusspunkt setzen, erlöschen
W – (hai)	21:00 – 23:00	Schwein	Vereinigung, etwas „unter einem Dach zu haben“, Mann und Frau vereint, befruchten, den Keim für Neues setzen, Grundstein legen, den Frühling erwarten.

Genauso wie bei den Himmelsstämmen, nutzen Sie bitte die Assoziationen als Anregungen und Hinweise auf möglich Stimmungen, Empfindungen und Geschehnisse. Sie sollen ausschließlich als Interpretationshilfe dienen.

Der 60er-Zyklus

Das System der Himmelsstämme und der Erdzweige wird immer dann verwendet, wenn es um die Qualität der Zeit geht. Jede Zeiteinheit, z.B. ein Jahr, ein Monat, ein Tag oder sogar eine Stunde kann mithilfe der Himmelsstämme, der Erdzweige oder einer Kombination aus beiden definiert werden. Wahrscheinlich dürfte Ihnen die Bezeichnung eines Jahres in Form wie: „das Jahr 2010 ist ein Metall-Tiger Jahr" bekannt sein. Doch was verbirgt sich tatsächlich dahinter?

Bleiben wir bei dem Beispiel. „Metall" ist der Himmelsstamm des Jahres, genau genommen ist es hier Yang-Metall (+M). „Tiger" steht für den Erdzweig des Jahres und bedeutet Holz-Yang (H+). So könnte das Jahr 2010 auch mit „+MH+" bezeichnet werden.

Die Zahl 60 kommt auf mathematischem Wege der Kombinationen zustande.
10 Himmelsstämme und 12 Erdzweige bieten mathematisch insgesamt 120 verschiedene Kombinationsmöglichkeiten. Da aber im 60er-Zyklys nur Kombinationen gleicher Yin-/Yang-Ausprägung zugelassen sind, kann also nur ein Yang-Himmelsstamm mit einem Yang-Erdzweig kombiniert werden, und ein Yin-Himmelsstamm mit einem Yin-Erdzweig. Damit haben wir dann 60 mögliche Kombinationen. Die erste Kombination ist +HW+, oder in der Pinyin-Schreibweise JiaZi, weswegen der 60er-Zyklus in der Literatur auch als *JiaZi-Zyklus* bezeichnet wird.

Jeder Zeiteinheit werden ein Himmelsstamm und ein Erdzweig zugeordnet. Diese werden fortlaufend miteinander kombiniert. Durch die unterschiedliche Anzahl der 10 Himmelsstämme und der 12 Erdzweige ergeben sich 60 mögliche Paarungen, bis sich die erste Kombinationsmöglichkeit wiederholt.
Die erste Paarung bilden +H mit W+ und ergeben so die Qualität der Holz-Ratte. Die folgende Tabelle stellt die 60-Paarungen vor:

Nr.	Himmelsstamm	Erdzweig	Bezeichnung
1	+H	W+	Holz Ratte
2	-H	E-	Holz Büffel
3	+F	H+	Feuer Tiger
4	-F	H-	Feuer Hase
5	+E	E+	Erde Drache
6	-E	F-	Erde Schlange
7	+M	F+	Metall Pferd
8	-M	E^2-	Metall Ziege
9	+W	M+	Wasser Affe
10	-W	M-	Wasser Hahn
11	+H	E^2+	Holz Hund
12	-H	W-	Holz Schwein
13	+F	W+	Feuer Ratte
14	-F	E-	Feuer Büffel
15	+E	H+	Erde Tiger
16	-E	H-	Erde Hase
17	+M	E+	Metall Drache
18	-M	F-	Metall Schlange
19	+W	F+	Wasser Pferd

Nr.	Himmelsstamm	Erdzweig	Bezeichnung
20	-W	E^2-	Wasser Ziege
21	+H	M+	Holz Affe
22	-H	M-	Holz Hahn
23	+F	E^2+	Feuer Hund
24	-F	W-	Feuer Schwein
25	+E	W+	Erde Ratte
26	-E	E-	Erde Büffel
27	+M	H+	Metall Tiger
28	-M	H-	Metall Hase
29	+W	E+	Wasser Drache
30	-W	F-	Wasser Schlange
31	+H	F+	Holz Pferd
32	-H	E^2-	Holz Ziege
33	+F	M+	Feuer Affe
34	-F	M-	Feuer Hahn
35	+E	E^2+	Erde Hund
36	-E	W-	Erde Schwein
37	+M	W+	Metall Ratte
38	-M	E-	Metall Büffel

Nr.	Himmelsstamm	Erdzweig	Bezeichnung
39	+W	H+	Wasser Tiger
40	-W	H-	Wasser Hase
41	+H	E+	Holz Drache
42	-H	F-	Holz Schlange
43	+F	F+	Feuer Pferd
44	-F	E^2-	Feuer Ziege
45	+E	M+	Erde Affe
46	-E	M-	Erde Hahn
47	+M	E^2+	Metall Hund
48	-M	W-	Metall Schwein
49	+W	W+	Wasser Ratte
50	-W	E-	Wasser Büffel
51	+H	H+	Holz Tiger
52	-H	H-	Holz Hase
53	+F	E+	Feuer Drache
54	-F	F-	Feuer Schlange
55	+E	F+	Erde Pferd
56	-E	E^2-	Erde Ziege
57	+M	M+	Metall Affe

Nr.	Himmelsstamm	Erdzweig	Bezeichnung
58	-M	M-	Metall Hahn
59	+W	E^2+	Wasser Hund
60	-W	W-	Wasser Schwein

Die Schwierigkeit im Verständnis des Systems der Himmelsstämme und der Erdzweige liegt für uns unter anderem darin, dass die 60 Kombinationszeichen bis heute nicht umfassend und zutreffend in eine westliche Sprache übertragen werden konnten. Theoretisch kann jede Paarung aus einem Himmelsstamm und einem Erdzweig durch eine Nummer (Zahl) definiert werden. **Tatsächlich aber müssen immer beide Bestandteile der Paarung, also ein Erdzweig und ein Himmelsstamm für sich interpretiert werden.** Die bildhaften Inhalte der Himmelsstämme und der Erdzweige, die sich in den chinesischen (Bild-)Schriftzeichen befinden, gehen bei einer sprachlichen Zahlendeutung verloren.

Deshalb werden in einer Analyse bzw. Interpretation stets beide Komponenten in ihrer vollständigen Bezeichnung angegeben, z.B. Himmelsstamm (HS) –E, Erdzweig (EZ) H-.

Der 60-er Zyklus findet seine Anwendung bei diversen Analysen. Leider sind die modernen Geräte fast nie direkt mit entsprechenden Deutungsringen ausgestattet. Auf einem klassischen San He Lo Pan befinden sich u.a. folgende Auswertungsringe:

- „Die 60 Drachenstämme“ (auch „die 60 Drachen, die Erde durchdringen“ genannt), die den richtigen Tag zur „Auffrischung“ des Chi im Haus berechnen.
- „Die 72 Bergdrachen“, die ebenfalls zur Aktivierung günstiger Chi-Ströme im Objekt herangezogen werden.
- „Die 120 goldene Unterteilungen“, die ursprünglich nur für Yin-Feng Shui verwendet, später auch bei Wohnhäusern benutzt wurden. Sie dienten der Ermittlung günstiger Richtungen.

Die vierundzwanzig Klimaperioden

Die Unterteilung des Jahres in vierundzwanzig Klimaphasen basiert auf dem natürlichen Rhythmus der regelmäßig auftretenden klimatischen Veränderungen.

Ein Jahr wird zuerst in 12 Abschnitte, sogenannte „Klimaphasen" zu 30 Tagen unterteilt. Diese Aufteilung entspricht im Wesentlichen auch der Einteilung in die Sternbilder des westlichen astrologischen Kalenders. 30 Tage entsprechen den 30 Bogengraden der Bewegung der Sonne während eines Jahres. **Der Beginn des Sonnenjahres ist auf den 4. oder 5. Februar des westlichen Kalenders festgelegt**. Ganz selten kann ein solches Sonnenjahr auch mal am 03. Februar beginnen. Das nächste Mal wird das 2017 und 2025 der Fall sein.

Jede Klimaphase des Jahres wird in 2 sogenannte „Klimaperioden" geteilt. **Damit ergeben sich 24 Klimaperioden zu je 15 Tagen innerhalb eines Sonnenjahres.** Die Aufteilung in die 24 Klimaperioden basiert traditionell auf der Beobachtung der Natur im Zyklus eines Jahres. Alle Veränderungen in der freien Natur, in der Landwirtschaft, beim Wetter und sonstigen klimatischen Merkmalen wurden über Jahrtausende akribisch beobachtet und in sich wiederholende Jahreszyklen zusammengefasst. Die Namen der Klimaperioden zeigen einen eindeutigen Bezug zu den wichtigsten klimatischen und landwirtschaftlichen „Ereignissen" im Jahr.

Die folgende Zusammenstellung zeigt den Zusammenhang der jeweiligen Klimaperiode mit dem Datum im westlichen Kalender. Jeder Klimaphase wird ein Erdzweig zugeordnet. Damit besitzen jeweils zwei Klimaperioden denselben Erdzweig.

Nr.	Bezeichnung der Klimaperiode	Beginn im westlichen Kalender	Erdzweig
1	Frühlingsanfang	03., 04. oder 05. Februar	Holz-Yang (H+)
2	Regenwasser	19. oder 20. Februar	Holz-Yang (H+)
3	Erwachen der Insekten	06. oder 07. März	Holz-Yin (H-)
4	Frühlingsäquinoktium („Tag-und-Nachtgleiche des Frühlings“)	21. oder 22. März	Holz-Yin (H-)
5	Reine Helligkeit	05. oder 06. April	Erde-Yang (E+)
6	Kornregen	20. oder 21. April	Erde-Yang (E+)
7	Sommeranfang	06. oder 07. Mai	Feuer-Yin (F-)
8	Kleine Fülle	21. oder 22. Mai	Feuer-Yin (F-)
9	Kornähren	06. oder 07. Juni	Feuer-Yang (F+)
10	Sommersonnenwende	22. oder 23. Juni	Feuer-Yang (F+)
11	Kleine Hitze	07. oder 08. Juli	Zweiter Erdzweig Erde-Yin (E^2-)
12	Große Hitze	23. oder 24. Juli	Zweiter Erdzweig Erde-Yin (E^2-)
13	Herbstanfang	08. oder 09. August	Metall-Yang (M+)
14	Ende der Hitze	24. oder 25. August	Metall-Yang (M+)
15	Weißer Tau	08. oder 09. September	Metall-Yin (M-)
16	Herbstäquinoktium („Tag-und-Nachtgleiche des Herbstes“)	23. oder 24. September	Metall-Yin (M-)
17	Kalter Nebel	09. oder 10. Oktober	Zweiter Erdzweig Erde-Yang (E^2+)
18	Fallen des Reifes (Frostbeginn)	24. oder 25. Oktober	Zweiter Erdzweig Erde-Yang (E^2+)
19	Winteranfang	08. oder 09. November	Wasser-Yin (W-)
20	Leichter Schnee	23. oder 24. November	Wasser-Yin (W-)

Nr.	Bezeichnung der Klimaperiode	Beginn im westlichen Kalender	Erdzweig
21	Starker Schnee	07. oder 08. Dezember	Wasser-Yang (W+)
22	Wintersonnenwende	22. oder 23. Dezember	Wasser-Yang (W+)
23	Kleine Kälte	06. oder 07. Januar	Erde-Yin (E-)
24	Große Kälte	20. oder 21.Januar	Erde-Yin (E-)

In der Aufstellung der 24 Klimaperioden lässt sich leicht erkennen, dass 6 nacheinander folgende Perioden (3 Klimaphasen à 30 Tage) jeweils zu einer Jahreszeit zusammengefasst werden können:

- Klimaperioden 1 bis 6 = 04.02. bis 05.05. bedeuten Frühling
- Klimaperioden 7 bis 12 = 06.05. bis 07.08. bedeuten Sommer
- Klimaperioden 13 bis 18 = 08.08. bis 07.11. bedeuten Herbst
- Klimaperioden 19 bis 24 = 08.11. bis 03.02. bedeuten Winter

Dies entspricht im Wesentlichen unseren 4 Jahreszeiten, wobei der traditionelle Beginn jeder Jahreszeit im chinesischen Kalender etwa 6 Wochen früher als im westlichen Kalender liegt.

Aus der Betrachtung der herrschenden Wandlungsphasen in jeder Klimaperiode ergibt sich eine sehr interessante und wichtige Beobachtung. Die Wandlungsphase der Erde übt insgesamt in 8 Klimaperioden bzw. 4 Klimaphasen ihren Einfluss aus. **Die Phasen des Erde-Einflusses liegen immer am Ende jeder Jahreszeit, um eine ausgleichende und verbindende Funktion zu erfüllen.**

Der Einfluss der Erde dauert jeweils etwa 30 Tage an, wobei im jeweils ersten Drittel, ca. 12 Tage, gemischter Einfluss der Erde mit der ihr vorgegangenen Wandlungsphase vorherrscht. Starke und eindeutig ausgeprägte Erde herrscht also nur über ca. 18 Tage einer Klimaphase.

Diese detaillierten Aufstellungen haben bei einer klassischen Auswertung mithilfe des Lo Pan eher untergeordnete Bedeutung. Wichtig werden sie erst bei komplexen astrologischen Berechnungen, z.B. nach der Methode der „Schicksalsberechnung nach den acht Zeichen“ (Bazi Suanming).

In Ihrem Lo Pan Studium sollten Ihnen jedoch diese Zusammenhänge bekannt sein.

Aufgaben zur Wissensüberprüfung

Beantworten Sie selbständig die folgenden Fragen bzw. lösen Sie die Aufgaben. So prüfen Sie selbst, ob Sie das Lernmaterial lückenlos verstanden haben. Außerdem festigen Sie dadurch die erworbenen Kenntnisse. Die Musterlösungen zu den Aufgaben finden Sie im Lösungsteil.

Aufgabe 4.1
Stimmt der folgende Satz:
„Die Qualität einer Zeiteinheit wird mithilfe der 10 Erdzweige und 12 Himmelsstämme beschrieben.“

Aufgabe 4.2
Ordnen Sie folgende Aussagen den Himmelsstämmen zu:

A. Ich habe mein Ziel erreicht, es ist vollbracht!

B. Eine Zukunftsvision entwickeln.

C. Trotz vieler Rückschläge verliere ich nicht die Hoffnung.

Aufgabe 4.3
Wo steht das Zeichen für die Yin-/Yang-Ausprägung bei einem Erdzweig?

Aufgabe 4.4
Welche Erdzweige verbergen sich hinter folgenden Tieren?

A. Büffel
B. Tiger
C. Ratte

Aufgabe 4.5
Was bedeutet die Bezeichnung „+ME^2+“?

Aufgabe 4.6
Wie viele Klimaphasen gibt es?
Wie lange dauert eine Klimaphase?

Aufgabe 4.7
Wann beginnt der Sommer als Klimaphase?

Die drei Platten

Platte, Ring und Nadel

Bevor wir in die Bedeutung der einzelnen Ringe des Lo Pans eintauchen, sollten noch drei Begriffe näher erläutert werden. Ansonsten bestünde die Gefahr, dass Sie im Dschungel der Bezeichnungen die Orientierung verlieren.

Je nach Quelle, Autor und Übersetzer werden zur Bezeichnung der einzelnen Ringe des Lo Pans die Begriffe „Platte“, „Ring“ und „Nadel“ verwendet. Gemeint ist aber immer ein Ring, der zentrisch um die Lo Pan Mitte verläuft und eine spezielle Bedeutung hat.

Der Begriff „Platte“ wurde früher benutzt, wenn für eine Auswertung mehrere zusammenhängende Ringe benötigt wurden. Diese Ringe zusammen, ergaben die Platte. Heute finden sich aber nur selten Geräte, die solche zusammenhängende Ringe haben. Wir finden meistens alle Informationen auf einem Ring, der dann immer noch „Platte“ heißt. Das sind z.B. die Erdplatte, die Himmelsplatte und die Menschenplatte. In der Literatur finden Sie auch das Wort „Scheibe“ für eine „Platte“.

Andere Quellen benutzen für die oben genannten Platten die Bezeichnung „Nadel“. Dabei geht es keineswegs um eine zusätzliche Kompass-Nadel auf dem Lo Pan, sondern um einen Ring (bzw. früher Ringssystem), der, in Relation zu der tatsächlichen Kompass-Nadel in der Mitte, speziell ausgerichtet wird.
Es gibt deshalb die:

- „korrekte Nadel“ = Erdplatte
- „Saumnadel“ = Himmelsplatte
- „Mittelnadel“ = Menschenplatte

Das Konzept der Dreiteilung des Lo Pans in diese drei Platten/Ringe/ Nadeln begann in der Song-Zeit und wurde in der Ming-Zeit weiter entwickelt. Insgesamt erstreckte sich die Entwicklung des Systems weit über vier Jahrhunderte, was die Begriffsvielfalt nachvollziehbar macht.

Im heutigen Feng Shui spielen diese drei Platten ebenfalls eine wichtige Rolle. Es handelt sich aber meistens einfach um drei Ringe, die, je nach Modell, an unterschiedlichen Stellen auf dem Lo Pan zu finden sind, z.B.

Lo Pan von...	**Erdplatte**	**Menschenplatte**	**Himmelsplatte**
Franz-Karl Rösberg	6. Ring	3. Ring	4. Ring
Marc Häberlin	7. Ring	11. Ring	19. Ring
Dominik Rollé	9. Ring	16. Ring	17. Ring

Das Beispiel verdeutlicht, wie wichtig es ist, dass Sie die Zuordnung der Ringe auf Ihrem Lo Pan sehr gut kennen, bevor Sie das Lernen fortsetzen.

Die besondere Bedeutung der drei Platten liegt darin begründet, dass mit ihnen alleine eine aussagekräftige Analyse möglich ist. Sie liefern folgende Erkenntnisse:

- Die Erdplatte untersucht die Qualität der Ausrichtung eines Objektes (Blick- und Sitzrichtung).
- Die Menschenplatte analysiert die Bedeutung der Landschaftsformen im Umfeld des Objektes.
- Die Himmelsplatte wertet die Wasserläufe, die sich im Wirkungskreis des Objektes befinden.

Schauen wir uns jetzt die einzelnen Platten genauer an.

Die Erdplatte

Die Erdplatte, die auch den Namen „der Ring der 24 Berge" trägt, setzt sich aus 24 gleichen Abschnitten zusammen. Damit wird jeder Himmelsrichtungsbereich in drei Abschnitte geteilt. Die Berücksichtigung der 24 statt nur 8 Richtungen ist Ihnen sicher aus der Berechnung der „Fliegenden Sterne" bekannt. Der Ring der Erdplatte liefert aber viel mehr, als nur die Zuordnung zum jeweiligen Abschnitt der Himmelsrichtung.

Die 24 Berge der Erdplatte werden aus: den 12 Erdzweigen, 8 der 10 Himmelsstämme und 4 der 8 Trigramme bzw. Himmelsrichtungen gebildet.

Auf den ersten Blick ist es eine bunte Mischung an diversen Kenngrößen. Doch diese Mischung bildet ein spannendes System, mit dessen Hilfe sehr differenziert auf das Chi-Feld eines Hauses Einfluss genommen werden kann.

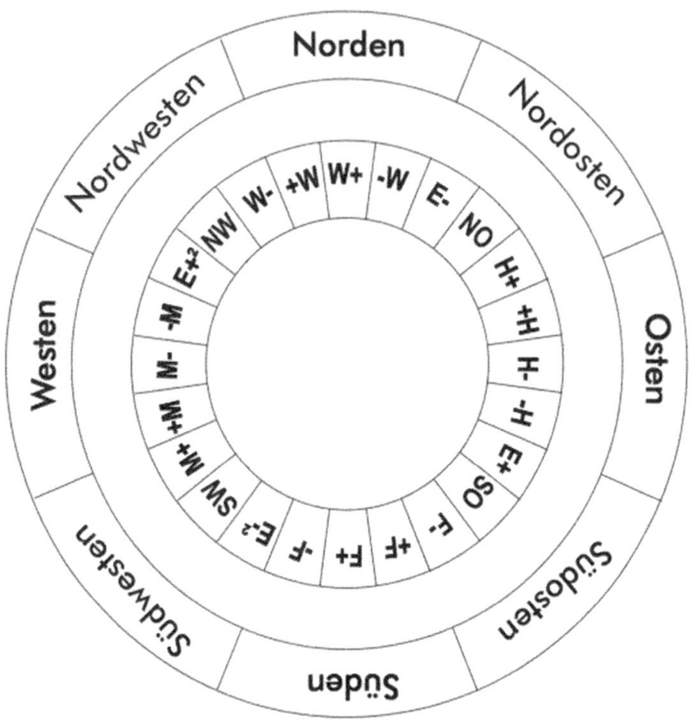

Abb. 5.1: Die Erdplatte

Die genaue Anordnung der Erdzweige, der Himmelsstämme und der Trigramme zu den Himmelsrichtungsabschnitten sehen Sie in der Abbildung 5.1.

Die Abschnitte der kardinalen Himmelsrichtungen (N, S, O, W) bestehen aus dem Erdzweig (mittlerer Abschnitt) und zwei Himmelsstämmen der jeweiligen Phase der Himmelsrichtung.

Die Zwischenhimmelsrichtungen (NW, NO, SO, SW) bestehen aus dem Trigramm der eigenen Richtung (NW = Chien (Qian), NO = Ken (Gen), SO = Sun (Xun), SW = Kun) in der nachhimmlischen Reihenfolge (LoShu) als mittlerer Abschnitt, einem Erdzweig im ersten Abschnitt und dem Erdzweig der nachfolgenden Wandlungsphase (W- im NW, H+ im NO, F- im SO, M+ im SW) als dritter Abschnitt.

Jedem Abschnitt wird außerdem eine Yin- bzw. Yang-Ausprägung zugeordnet. Bitte beachten Sie, dass es sich dabei nicht um die Ausprägung des Erdzweigs bzw. des Himmelsstamms im jeweiligen Abschnitt handelt. Die Art der Markierung der Yin-/Yang-Ausprägung variiert je nach Gerät, meistens in Form des Vorzeichens +/- oder einer bestimmten Farbe. Bitte stellen Sie unbedingt fest, wie die Kennzeichnung auf Ihrem Lo Pan aussieht.

Die folgende Tabelle fasst die Qualitäten der 24 Berge zusammen.

Himmelsrichtung	**Ausprägung**	**Eigenschaft**	**Gradzahl**
Nord 1	Yang	+W	337,5°-352,5°
Nord 2	Yin	W+	352,5-7,5
Nord 3	Yin	-W	7,5-22,5
Nordost 1	Yin	E-	22,5-37,5
Nordost 2	Yang	KEN (GEN)	37,5-52,5
Nordost 3	Yang	H+	52,5-67,5
Ost 1	Yang	+H	67,5-82,5
Ost 2	Yin	H-	82,5-97,5
Ost 3	Yin	-H	97,5-112,5
Südost 1	Yin	E+	112,5-127,5
Südost 2	Yang	SUN (XUN)	127,5-142,5
Südost 3	Yang	F-	142,5-157,5

Himmelsrichtung	Ausprägung	Eigenschaft	Gradzahl
Süd 1	Yang	+F	157,5-172,5
Süd 2	Yin	F+	172,5-187,5
Süd 3	Yin	-F	187,5-202,5
Südwest 1	Yin	E-[2]	202,5-217,5
Südwest 2	Yang	KUN	217,5-232,5
Südwest 3	Yang	M+	232,5-247,5
West 1	Yang	+M	247,5-262,5
West 2	Yin	M-	262,5-277,5
West 3	Yin	-M	277,5-292,5
Nordwest 1	Yin	E+[2]	292,5-307,5
Nordwest 2	Yang	CHIEN (QIAN)	307,5-322,5
Nordwest 3	Yang	W-	322,5-337,5

Der Charakter der 24 Berge kann in die Interpretation der energetischen Qualität eines Hauses einbezogen werden. An dieser Stelle nur ein Beispiel dazu:

Bei einem Haus wurde die Blickrichtung 77° gemessen. Dies bedeutet:
Ost 1 = +H, d.h. Himmelsstamm Yang Holz
Sitzrichtung ergibt sich aus 77°+180° = 257°
West 1 = +M, d.h. Himmelsstamm Yang Metall

Zur Erinnerung die Beschreibung dieser Himmelsstämme (siehe Kapitel 4):

Himmelsstamm	Bild des Schriftzeichens	Assoziationen
+ H	Eine geschlossene Knospe, die beginnt aufzubrechen	Neubeginn, Keimung von Ideen, Aufbruch, eine noch verborgene Schönheit, keimende Ziele, vorsichtiger Beginn
+ M	Zwei Hände, die etwas halten oder bewegen (zwei Hände zu einer „runden Schale" geformt)	Etwas speichern, festhalten, aufbewahren, die Vorbereitung auf eine Zeit des Überdauerns, die Ankündigung einer Veränderung vom Alten zum Neuen

Das Haus kann als ein aktives Haus (beide Berge Yang) mit gutem Entwicklungspotential bezeichnet werden. Die Energie der Frontseite bringt Tendenzen für Neues, Wachsendes und für zukunftsorientiertes Potential mit sich. Die energetische Qualität der Sitzrichtung sorgt für das Bewahren des Erreichtem, jedoch ohne weitere Chancen zu blockieren. Die Bewohner werden hier in ihren zukunftsorientierten Vorhaben sehr gut unterstützt. Ein Stillstand in der eigenen Entwicklung ist nicht zu erwarten.

Unabhängig von der direkten Auswertung des Charakters der Blick- und der Sitzrichtung, dienen die 24 Berge als Weg zur Unterstützung bestimmter Lebensaspekte. Dazu ist es wichtig, den Aufbau und die Bedeutung der einzelnen Komponenten zu kennen.

8 von 10 Himmelsstämme	4 Trigramme der Himmelsrichtungen	12 Erdzweige
Sie erschaffen unsere geistigen, gedanklichen und emotionalen Grundlagen. Es sind Richtungen, die etwas über die Inspiration des Hauses in Bezug auf seine Bewohner aussagen. Unterstützung der Richtungen für: Persönliche Inspiration Die Bereitschaft etwas auf- bzw. anzunehmen	Sie geben uns Ausgleich, Ruhepunkt und Festigkeit, um die Polarität von Himmel und Erde miteinander zu verbinden. Diese Richtungen geben Auskunft darüber, wie ein Haus die Bewohner stabilisiert und ausgleicht. Unterstützung der Richtungen für: Innere Stabilität Inneres Gleichgewicht	Sie erzeugen die Grundlage für unseren Körper, das materielle und soziale Leben. Diese Richtungen geben Auskunft darüber, wie ein Haus die Bewohner bei der Verwirklichung eigener Ziele unterstützt. Unterstützung der Richtungen bei: Selbstverwirklichung Der Bereitschaft etwas zu geben
Geistige Ebene	**Ausgleich**	**Materielle Ebene**

Die praktische Anwendung lässt sich an einem Beispiel am besten verdeutlichen.

Bei der Neubauplanung eines Hauses soll ein Arbeitszimmer, das hauptberuflich (IT-Programmierer) genutzt wird, möglichst optimal im Grundriss positioniert werden. Aus baulich-praktischen Gründen kommen drei Ausrichtungen in Frage:
A. bei 280°
B. bei 210°
C. bei 90°

Zuerst ordnen wir die Ausrichtungen zu den 24 Bergen:
A = -M
B = E^2-
C = H-

Die Ausrichtung A wird durch einen Himmelsstamm geprägt und unterstützt damit vor allem Aktivitäten auf der geistigen Ebene. Leider ist seine Bedeutung für eine berufliche Tätigkeit nicht sehr erfreulich (Ende, Abschied, Melancholie).

Die Ausrichtungen B und C stehen im Zeichen der Erdzweige und unterstützen die materielle Ebene des Lebens. Fülle und Reichtum des Erdzweiges E^2-, dürfte für geschäftlichen Erfolg sehr nützlich sein. H- bleibt aber mit der Öffnung der Tore und der Chance auf volle Entfaltung auch interessant.

Die Entscheidung kann deshalb nicht alleine durch diese Auswertung getroffen werden. Als nächstes könnte z.B. die Qualität der Sternenkombinationen in beiden Bereichen untersucht werden. Auch die Überprüfung der Wechselwirkung der Erdzweige der Bereiche mit den vier Säulen (Ba Zi) des Bewohners könnte wichtige Hinweise liefern.

Mit ähnlichen Situationen werden Sie bei der Lo Pan Anwendung stets konfrontiert. Alleine aufgrund einer oder zwei Aussagen kann keine erschöpfende Antwort angegeben werden. Es muss stets die Wichtigkeit und die individuelle Bedeutung der einzelnen Ergebnisse abgewogen und die relevanten Erkenntnisse zu einer Empfehlung formuliert werden. Je mehr Übungsanalysen Sie durchführen, desto leichter wird es Ihnen gelingen, die Verknüpfungen zwischen einzelnen Erkenntnissen herzustellen.

Die Menschenplatte

Die Menschenplatte beinhaltet dieselben Bezeichnungen der 24 Berge, ist aber um 7,5° gegenüber dem Ring der Erdplatte verschoben. Warum diese Verschiebung vorgenommen wurde, lässt sich heute nicht eindeutig beweisen.

Eine Theorie stützt sich auf den veränderten Bezugspunkt der Messung. Die Erdplatte bezieht sich auf die Ausrichtung in Relation zum magnetischen Nordpol. Die Menschenplatte nimmt den Stern Polaris als Bezugspunkt der Messung. Die Einführung dieser Auswertungsvariante geht auf den Meister Lai Po Yee zurück.

Eine weitere Theorie erklärt die Verschiebung durch die Deklination, die schon im alten China bemerkt wurde. Mit dem Aspekt haben wir uns bereits im zweiten Kapitel ausführlich beschäftigt.

Unabhängig davon, welche Theorie für Sie persönlich schlüssiger ist, die Bedeutung und Anwendung der Menschenplatte bleibt unverändert.

Die Menschenplatte dient speziell der Auswertung von Merkmalen in der Umgebung eines Hauses in Relation zur Energie seiner Sitzrichtung.

Um diese Auswertung zu ermöglichen, verfügt die Menschenplatte neben den 24 Bergen zusätzlich über die Angabe des sogenannten „Gastgebers“ zu jedem Berg. **Hinter dem Gastgeber verbirgt sich eine Wandlungsphase, die in Relation zu der Wandlungsphase der Sitzrichtung des Objektes untersucht wird.** Die Vorgehensweise lernen Sie gleich an einem Beispiel kennen. Zuerst jedoch bekommen Sie in der folgenden Tabelle den Überblick der „Gastgeber“ zu jedem Berg. Beim Arbeiten mit dem Lo Pan wird sich diese Tabelle wahrscheinlich erübrigen, weil alle Angaben direkt auf dem Ring, meistens durch farbige Kennzeichnung, ablesbar sind.

24 Berge	Himmelsrichtungsbereich auf der „Menschenplatte“	Gastgeber
W+	345°-360°	Feuer
-W	0°-15°	Erde
E-	15°-30°	Metall
NO	30° - 45°	Holz
H+	45°-60°	Wasser
+H	60°-75°	Feuer
H-	75°-90°	Feuer
-H	90°-105°	Erde
E+	105°-120°	Metall
SO	120°-135°	Holz
F-	135°-150°	Wasser
+F	150°-165°	Feuer
F+	165°-180°	Feuer
-F	180°-195°	Erde
E-[2]	195°-210°	Metall
SW	210°-225°	Holz
M+	225°-240°	Wasser
+M	240°-255°	Feuer
M-	255°-270°	Feuer

24 Berge	Himmelsrichtungsbereich auf der „Menschenplatte“	Gastgeber
-M	270°-285°	Erde
E+[2]	285°-300°	Metall
NW	300°-315°	Holz
W-	315°-330°	Wasser
+W	330°-345°	Feuer

Die Wechselwirkung zwischen den Gastgebern der Sitzrichtung und des untersuchten Merkmals basiert auf den bekannten Zyklen der Wandlungsphasen. Je nach Zyklus sind folgende Aussagen möglich:

- Wenn der Gastgeber des bestimmten Merkmals den Gastgeber der Sitzrichtung stärkt, dann bedeutet es Stärkung, Unterstützung, Mehrung.
- Wenn der Gastgeber des bestimmten Merkmals mit dem Gastgeber der Sitzrichtung identisch ist, dann bedeutet es Gedeihen, Freundschaft, Partnerschaft.
- Wenn der Gastgeber des bestimmten Merkmals den Gastgeber der Sitzrichtung schwächt, dann bedeutet es Erschöpfung, Klugheit, Intelligenz.
- Wenn der Gastgeber des bestimmten Merkmals den Gastgeber der Sitzrichtung kontrolliert, dann bedeutet es Macht, Zerstörung, Kampf, Unterwerfung.
- Wenn der Gastgeber des bestimmten Merkmals vom Gastgeber der Sitzrichtung kontrolliert wird, dann bedeutet es Reichtum, materiellen Gewinn, Wohlstand.

Die Vorgehensweise bei der Auswertung veranschaulicht am besten ein Beispiel:

In der Abbildung 5.2 sehen Sie eine einfache Planskizze.

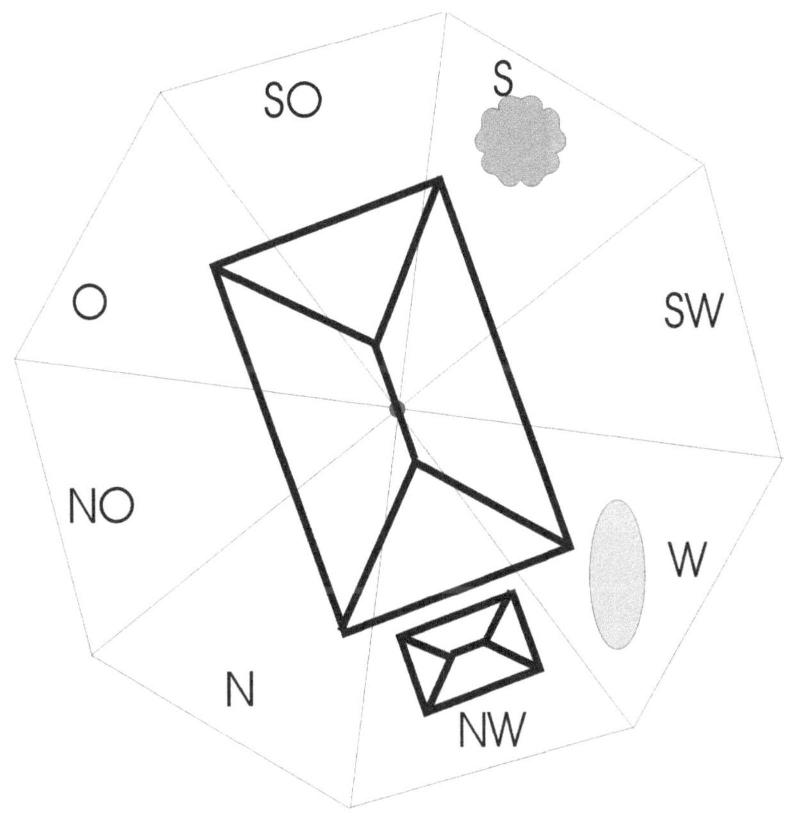

Abb. 5.2 Planskizze

In unmittelbarer Nähe des in der Mitte dargestellten Hauses befinden sich 3 Objekte, die mithilfe der Menschenplatte zu bewerten sind. Die genauen Ausrichtungen dieser Objekte betragen:

Sitzrichtung des Hauses = 232°

Baum im Süden = 168°

Teich im Westen = 284°

Schuppen im NW = 310°

Daraus ergeben sich folgende Wechselwirkungen:

Objekt	**Ausrichtung**	**24 Berge auf der Menschenplatte**	**Gastgeber**
Sitzrichtung	232°	M+	Wasser
Baum	168°	F+	Feuer
Teich	284°	-M	Erde
Schuppen	310°	NW	Holz

Baum (Feuer) wird vom Gastgeber der Sitzrichtung (Wasser) kontrolliert = günstige Situation, die den Wohlstand unterstützt

Teich (Erde) kontrolliert den Gastgeber (Wasser) = eher ungünstige Situation, weil Machtkämpfe, Streitigkeiten und Unterwerfung begünstigt werden

Schuppen (Holz) schwächt den Gastgeber (Wasser) = diese Situation begünstigt Erschöpfung und Kraftverlust, unterstützt aber kluge Entscheidungen und Intelligenz.

Die Auswertung gibt nützliche Hinweise, wie bestimmte Objekte auf ein Haus wirken. Sie stellt keine ausschöpfende Analyse dar, hilft aber die Feinheiten einer Grundstücksgestaltung abzustimmen.

Die Einflussnahme der Objekte in der Landschaft ist zuerst auf das ganze Haus und seine Bewohner zu sehen. Sinnvoll ist aber, die Auswirkung genauer und individueller zu erfassen. Das geschieht durch **den Vergleich des Erdzweigs des Landschaftsobjektes mit dem Erdzweig der einzelnen Bewohner. Stimmen die Erdzweige überein, dann ist die Wirkung des Objektes auf diese Person besonders ausgeprägt**. Bei Objekten, dessen Lage mit einem Himmelsstamm oder einem Trigramm/Himmelsrichtung auf der Menschenplatte charakterisiert wird, bleibt die Wirkung allgemeingültig für alle Bewohner des Hauses.

In unserem Beispiel würde es bedeuten, dass der Baum besonders günstig für Menschen ist, die im Zeichen des Pferdes (Erdzweig des Geburtsjahres) geboren sind.

Doch nicht nur die personenbezogene Wirkung, sondern auch ihr Zeitpunkt und ihre Dauer, können präzisiert werden.

Günstige Wirkung eines vorteilhaften Objektes tritt ein, wenn der Erdzweig der Lage des Objektes auf der Menschenplatte, dem Erdzweig der Zeiteinheit (Jahr, Monat) entspricht.

Ungünstige Wirkung eines störenden/unvorteilhaften Objektes tritt ein, wenn der Erdzweig der Lage des Objektes auf der Menschenplatte in Opposition (gegenüber) oder trigonal zum Erdzweig der Zeiteinheit (Jahr, Monat) steht.

Die grundlegende Beziehung der Erdzweige untereinander kann am besten auf dem Ring der Erdzweige (nicht der Erdplatte) abgelesen werden. Auf diesem Ring stehen die Erdzweige / Tierkreiszeichen in der korrekten Reihenfolge. Die Abbildung 5.3 zeigt einen Erdzweig-Ring (in Relation zu den Himmelsrichtungen).

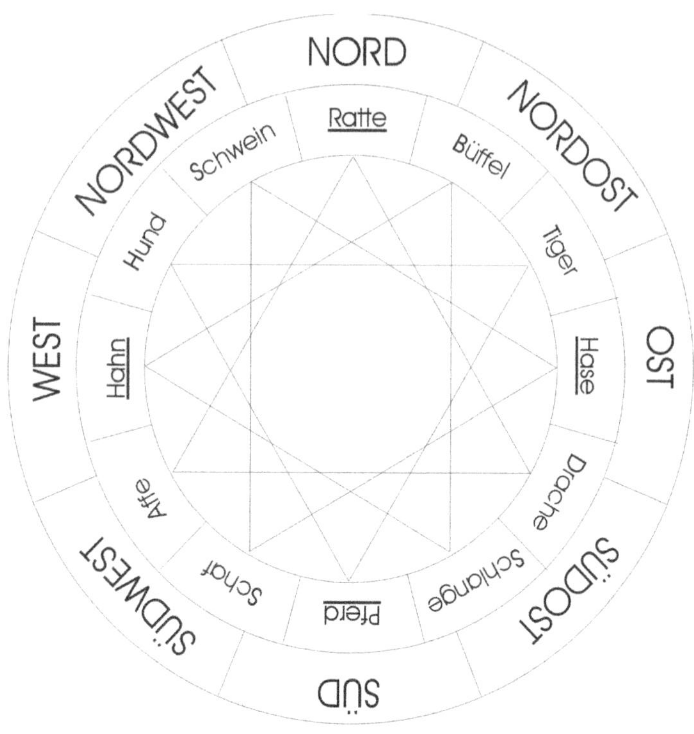

Abb. 5.3: Der Ring der Erdzweige.

Auf dem Ring können Sie leicht ablesen, welche Erdzweige sich gegenüber stehen und welche ein Dreieck (Trigon) miteinander bilden. Mit den Trigonen werden wir uns noch ausführlich im späteren Lernmaterial beschäftigen.

In unserem Beispiel haben wir es nur mit einem vorteilhaften Objekt, dem Baum, zu tun. Der würde seine positive Wirkung dann entfalten, wenn die Zeiteinheit ebenfalls im Zeichen des Pferdes stehen würde, z.B. das Jahr 2014, besonders im Juni, der auch den gleichen Erdzweig hat.

Dank der Verknüpfung zwischen Lage, Person und Zeit lassen sich zusätzliche Objekte auf einem Grundstück optimal platzieren. So kann z.B. bei der Gartengestaltung ein markanter Stein oder ein Gartenpavillon für bestimmte Personen optimal positioniert werden. In solchen Fällen wird zuerst der Erdzweig der Person bestimmt. Danach sucht man den Abschnitt der Menschenplatte, die denselben Erdzweig hat. Auf keinem Fall darf aber die Auswertung über den Gastgeber vergessen werden. Ansonsten könnte passieren, dass das zusätzliche Objekt ungünstige Wirkung ausübt.

Ein kurzes Beispiel dazu:

Die Bewohner des Hauses in der Planskizze (Abb. 5.2) möchten gerne eine Steinskulptur auf dem Grundstück aufstellen. Im Optimalfall sollte die Skulptur den Ehemann unterstützen. Er ist am 20.01.1980 geboren.

Das Geburtsdatum entspricht dem Erdzweig Ziege (E^2-). Damit das Objekt eine günstige Wirkung hat, sollte es sich in einem Himmelsrichtungsabschnitt befinden, der auf der Menschenplatte auch mit dem Erdzweig beschrieben wird. In der Tabelle oder auf Ihrem Lo Pan können Sie ablesen, dass E^2- dem Abschnitt 195°-210° entspricht. Der Gastgeber des Abschnitts ist Metall. Der Gastgeber der Sitzrichtung des Hauses ist Wasser. Hier trifft also die Regel zu: „Wenn der Gastgeber des bestimmten Merkmals den Gastgeber der Sitzrichtung stärkt, dann bedeutet es Stärkung, Unterstützung, Mehrung.“ Damit ist mit einem günstigen Einfluss zu rechnen. *195°-210° bedeuten den Grenzbereich zwischen Süden und Südwesten. Auf dem Grundstück, laut Planskizze, lässt sich an dieser Stelle bequem und gestalterisch günstig eine Skulptur aufstellen. Die Aufgabe ist gelöst.*

Unter den Aufgaben zur Wissensüberprüfung und im Fallbeispiel finden Sie noch weitere Übungen zu dem Thema.

Die Himmelsplatte

Bevor wir uns der letzten der drei grundlegenden Lo Pan Platten widmen, sind einige allgemeine Anmerkungen über die Auswertung von Wasserverläufen angebracht.

Die Bedeutung von Wasser als Landschaftsform im Feng Shui wird durch die Vielfalt der Auswertungsregeln, die Wasser berücksichtigen, sehr deutlich. Im Prinzip übt jedes Wasser auf einem Grundstück oder in einer Landschaft Einfluss aus. Die Fähigkeit einer guten Beratung besteht nicht nur darin, die unterschiedlichsten Wasser-Methoden zu kennen, sondern sie auch unter praktischen Gegebenheiten in die Bewertung einzubeziehen. Wenn Sie alle Formeln gleichzeitig anwenden möchten, dann würden Sie kaum eine umsetzbare Empfehlung aussprechen können. Betrachten Sie die Sammlung der Regeln als ein Angebot, das Sie sich in Ruhe anschauen sollen, doch letztendlich ist es nur sinnvoll, die passenden und umsetzbaren Methoden anzuwenden. Neue Wasserformen zu gestalten, stößt in der Praxis oft auf die Grenzen der Umsetzbarkeit, wenn Sie z.B. ein Haus an einer stark bebauten Straße untersuchen. Hier können zwar die bestehenden Wasserformen = Straße untersucht werden, doch neue Wasserformen zu gestalten, dürfte sehr schwierig werden. Deshalb brauchen Sie Regeln, um günstige Wasserpositionen zu finden, gar nicht anzuwenden.

Hier gilt: weniger ist oft mehr. **Das bedeutet, lieber nur wenige Regeln beachten, dafür diese gut in der Praxis umsetzen**. Zu viele Regeln können gleichzeitig nur ansatzweise in einer Empfehlung berücksichtigt werden und damit wird ihre Wirkung in Frage gestellt

Zuerst lernen Sie die Regel der „Himmelsplatte“ kennen, was aber nicht bedeuten soll, dass diese Regel die wichtigste ist. Im weiteren Lernmaterial werden Sie sich auch mit den sogenannten „Wassertoren“ und den „Drei Sha“ beschäftigen. Welche Regel davon die wichtigste ist, dass lässt sich nicht global, für alle Objekte geltend, beurteilen. Jede Regel hat ihre Einflussnahme auf bestimmte Aspekte des Chi-Flusses im Haus und auf dem Grundstück. Erst vor dem Hintergrund der Wünsche und Probleme der Bewohner kann man eine Gewichtung der Regeln wagen und Prioritäten in ihrer Umsetzung festlegen. Nur weil für ein bestimmtes Haus eine Regel sehr wirksam war, bedeutet es nicht, dass sie grundsätzlich so wirksam bleibt.

Setzen Sie sich deshalb mit allen Wasser-Regeln auseinander, um im Bedarfsfall die richtige Regel auswählen zu können.

Beginnen Sie die Auseinandersetzung mit der Himmelsplatte, indem Sie den entsprechenden Ring auf Ihrem Lo Pan finden. Sie erkennen ihn an der Beschriftung der einzelnen Abschnitte, die identisch mit der Erd- und der Menschenplatte ist.
Die Anordnung der Abschnitte ist jedoch um 7,5° nach rechts, im Vergleich zu der Erdplatte, verschoben. Diese Verschiebung ist auf Meister Yang Jun Song aus der Tang-Dynastie (618-907) zurückzuführen und kann genauso wenig wie bei der Menschenplatte eindeutig begründet werden.

Für die Auswertung der Wasserläufe auf einem Grundstück oder rund um ein Grundstück werden immer 2 benachbarte Abschnitte der 24 Berge auf der Himmelsplatte zu einem Paar verbunden und in Verbindung mit dem entsprechenden Erdzweig auf dem Ring der Erdzweige gebracht. Diese Zuordnung zeigt die folgende Tabelle:

Gradzahl	Himmelsplatte	Erdzweige	Fließrichtung
345° - 15°	+W W+	W+ = Ratte	Yang (vorwärts)
15° - 45°	-W E-	E- = Büffel	Yin (rückwärts)
45° - 75°	NO H+	H+ = Tiger	Yin (rückwärts)
75° - 105°	+H H-	H- = Hase	Yang (vorwärts)
105° - 135°	-H E+	E+ = Drache	Yin (rückwärts)
135° - 165°	SO F-	F- = Schlange	Yin (rückwärts)
165° - 195°	+F F+	F+ = Pferd	Yang (vorwärts)
195° - 225°	-F E-²	E-² = Schaf	Yin (rückwärts)
225° - 255°	SW M+	M+ = Affe	Yin (rückwärts)
255° - 285°	+M M-	M-= Hahn	Yang (vorwärts)
285° - 315°	-M E+²	E+² Hund	Yin (rückwärts)
315° - 345°	NW W-	W- = Schwein	Yin (rückwärts)

Die Grenzen der Himmelsrichtungsbereiche sind als „bis...Grad" zu interpretieren.
Beispiel: 45° - 75° bedeutet von 45° bis 75°, also einschließlich 74°.

Die Angaben in der dritten Spalte „Fließrichtung" werden für die weitere Auswertung benötigt. Sie gibt vor, in welcher Richtung die sogenannten „12 Götter" abgezählt werden. Die „12 Götter" symbolisieren 12 Lebenszustände, die wiederum mit Yin, Yang oder als neutral bewertet werden.

Die Reihenfolge der „12 Götter“ bleibt immer bestehen: Sie beginnen mit „Grab“ und enden mit „Tod“.

„12 Götter“	**Qualität**
Grab	neutral
Ruhe	Yin
Embryo	Yang
Schwangerschaft	Yang
Geburt und Wachstum	Yang
Reinigung	neutral
Lernen	Yang
Erwachsen sein	Yang
Die Blüte des Lebens	Yang
Schwäche	Yin
Krankheit	Yin
Tod	Yin

Die „12 Götter“ entsprechen exakt den sogenannten „12 Chi-Phasen“, die auch in der chinesischen Astrologie vorkommen. Sie beschreiben die fortwährende Wandlung eines Lebenszyklus. Die Bezeichnungen dieser Phasen dürfen aber keinesfalls direkt interpretiert werden. Wenn sich also z.B. ein Wasserlauf im Abschnitt des Todes oder der Krankheit befindet, dann hat es keinerlei Bedeutung dafür, ob jemand gesundheitliche Probleme bekommt oder sogar stirbt. Betrachten Sie deshalb die zwölf Bezeichnungen als bildhafte Platzhalter für bestimmte Abschnitte in einem Zyklus.

Bitte lassen Sie sich durch die etwas komplexe Einführung nicht verunsichern. Die eigentliche Auswertung ist recht einfach. Die dazu benötigten Angaben können Sie jederzeit nachschlagen.

Die einzelnen Auswertungsschritte sind wie folgt:

Maßgebend für die Auswertung ist die Blickrichtung des Gebäudes. In der ersten Spalte der obersten Tabelle ist die jeweilige Gradzahl zu finden.
Beispiel: 100°

Der entsprechenden Gradzahl wird der Bereich auf der Himmelsplatte zugeordnet und die Fliessrichtung ermittelt.
Beispiel: 100° entsprechen auf der Himmelsplatte dem Bereich „+H, H-" und die Fließrichtung ist Yang = vorwärts.

Die Blickrichtung entspricht immer dem ersten der „12 Götter". Das bedeutet, der Abschnitt, in den die Blickrichtung fällt, wird immer dem Grab zugeordnet.
Beispiel: 100° liegen im Bereich 75° - 105° = Grab = neutral

Entsprechend der Fließrichtung, vorwärts oder rückwärts, werden die übrigen 11 „Götter" zugeordnet.
Beispiel: hier ist die Fließrichtung vorwärts, also entsprechen die „Götter" folgenden Bereichen:

Bereich	„12 Götter"	Qualität
75° - 105°	Grab	neutral
105° - 135°	Ruhe	Yin
135° - 165°	Embryo	Yang
165° - 195°	Schwangerschaft	Yang
195° - 225°	Geburt und Wachstum	Yang
225° - 255°	Reinigung	neutral
255° - 285°	Lernen	Yang

Bereich	„12 Götter“	Qualität
285° - 315°	Erwachsen sein	Yang
315° - 345°	Die Blüte des Lebens	Yang
345° - 15°	Schwäche	Yin
15° - 45°	Krankheit	Yin
45° - 75°	Tod	Yin

Um die verschiedenen Wasserläufe zu bewerten, gelten folgende Regeln:

Wenn Wasser aus einer Yang-Richtung kommt, gilt es als günstig.
Wenn Wasser in eine Yang-Richtung abfließt, gilt es als ungünstig
Wenn Wasser in eine Yin-Richtung abfließt, gilt es als günstig
Wenn Wasser aus einer Yin-Richtung kommt und in eine Yin-Richtung abfließt, gilt es als äußerst günstig.

Beispiel:

Wenn Wasser aus einer der folgenden Richtungen kommt: 135°-225°, 255°-345°, dann ist es günstig.

Wenn Wasser in eine der oben genannten Richtungen abfließt, dann ist es ungünstig.

Wenn Wasser in eine der folgenden Richtungen abließt: 105°-135°, 345°-75°, dann ist es günstig.

Wenn Wasser aus einer der folgenden Richtungen kommt und in 105°-135° oder 345°-75° abfließt, dann ist es sehr günstig.

Bitte denken Sie daran, dass es dabei immer um die Fließrichtung und nicht die Lage des Wassers geht.

Bei einer Yin-Fließrichtung = rückwärts werden die „12 Götter“ ebenfalls rückwärts zugeordnet.

Zum Beispiel: für die Blickrichtung 140° werden sie wie folgt verteilt:

Bereich	„12 Götter“	Qualität
135° - 165°	Grab	neutral
105° - 135°	Ruhe	Yin
75° - 105°	Embryo	Yang
45° - 75°	Schwangerschaft	Yang
15° - 45°	Geburt und Wachstum	Yang
345° - 15°	Reinigung	neutral
315° - 345°	Lernen	Yang
285° - 315°	Erwachsen sein	Yang
255° - 285°	Die Blüte des Lebens	Yang
225° - 255°	Schwäche	Yin
195° - 225°	Krankheit	Yin
165° - 195°	Tod	Yin

Die weitere Auswertung erfolgt analog wie im ersten Beispiel.

In der Praxis können auf diese Weise alle Straßen, Wege, Flüsse, Bäche etc. in der Umgebung eines Gebäudes bewertet werden. Auch in der Planung, z.B. für die Grundstücksgestaltung kann diese Methode sehr nützlich sein, um künstliche Bachläufe oder Wegführungen günstig zu planen.

Mithilfe der Tabellen können Sie theoretisch auch ohne einen Lo Pan die Bedeutung des Wassers analysieren. Mit einem Lo Pan wird das Ablesen der Resultate einfacher. Wie weit einfacher, dass hängt von der Art ab, wie auf Ihrem Lo Pan die Himmelsplatte gekennzeichnet ist. Machen Sie sich bitte anhand der Gerätebeschreibung mit dem Ablesen des Ringes vertraut.

Aufgaben zur Wissensüberprüfung

Beantworten Sie selbständig die folgenden Fragen bzw. lösen Sie die Aufgaben. So prüfen Sie selbst, ob Sie das Lernmaterial lückenlos verstanden haben. Außerdem festigen Sie dadurch die erworbenen Kenntnisse. Die Musterlösungen zu den Aufgaben finden Sie im Lösungsteil am Ende des Buches.

Aufgabe 5.1
Mit welcher Platte würden Sie die Bedeutung eines Swimmingpools im Garten untersuchen und warum?

Aufgabe 5.2
Ein Haus hat die Sitzrichtung E+. Welche Gradzahl trifft auf die Richtung zu?

A. 130°
B. 115°
C. 210°

Aufgabe 5.3
Ein Haus hat die Ausrichtung Blick = +M, Sitz = +H. Auf welcher Ebene werden die Bewohner des Hauses besonders unterstützt und warum?

Aufgabe 5.4
Analysieren Sie bitte mithilfe der Menschenplatte folgende Situation:

Frau B. ist im Jahr des Büffels geboren. Sie wohnt in einem Haus mit der Blickrichtung 81°. In Ihrem Garten steht bei 168° eine große Tanne. Welche Wirkung übt die Tanne auf Frau B. aus?

Aufgabe 5.5
Wie muß der Erdzweig einer Person in Relation zum Erdzweig eines Objektes stehen, damit sich eine negative Wirkung entfaltet?

Aufgabe 5.6
Wann tritt eine ungünstige Situation aufgrund eines Wasserflusses ein, gemessen an der Himmelsplatte?

Aufgabe 5.7
Untersuchen Sie bitte folgende Situation mit der „Himmelsplatte“:

Auf einem Grundstück steht ein Haus mit der Blickrichtung 270°. Vom NW (300°) kommt eine Straße auf das Haus zu und führt in SO-Richtung (120°) davon weg. Im Garten auf der Rückseite des Hauses, mittig angeordnet, befindet sich ein Teich mit einem künstlichen Wasserlauf nach W (280°).

Auswertung des Wassers

Das Thema des Wassers in der Landschaft zählt zu den grundlegenden und wichtigsten Wissensbausteinen des gesamten Feng Shui. Wasser am richtigen Platz war seit Beginn der Feng Shui Geschichte die wichtigste Voraussetzung für Glück, Wohlstand und Gesundheit. Im alten „Buch der Riten" des Feng-Shui-Meisters Yang Yun Song (834-900) findet sich ein deutlicher Hinweis darauf: „Bevor ich nach dem Berg sehe, betrachte ich das Wasser. Denn man kann keinen guten Platz finden ohne Wasser".

Im Laufe der Zeit entwickelten sich zahlreiche Regeln zur Bestimmung günstiger Wasserläufe. Alle diese Regeln werden unter dem Oberbegriff der „Wassermethoden" zusammengefasst. In der Literatur sind noch weitere Begriffe wie „Wasserformeln" oder „Wasserdrachen" zu finden.

Die Bezeichnung „Wasserformeln" kann missverstanden werden. Bei diesen Regeln handelt sich nicht um Formeln im mathematischen Sinne, sondern um Formeln im Sinne der Richtung, wo sich Wasser befindet.

Im klassischen Feng Shui bezogen sich die Wassermethoden ausschließlich auf echtes, natürliches Wasser. Aufgrund der starken Beeinflussung der Landschaft durch die Menschen, wurden diese Regeln auch auf das sogenannte „virtuelle" Wasser wie Straßen, Wege etc. erweitert. Der Wirkungsgrad einer Wassermethode ist bei echtem Wasser höher als beim virtuellen Wasser einzustufen.

Einige der Wassermethoden sind Ihnen sicher bereits bekannt. Als Beispiel können diejenigen Regeln bei der Auswertung der „Fliegenden Sterne", die die Positionierung von Berg und Wasser beschreiben, genannt werden. Dazu zählen: die „Richtung der 1 und der 0", der „sekundäre Wohlstandbereich" oder die Unterstützung des rechtzeitigen Wassersterns. Im letzten Kapitel haben Sie bereits die Auswertung des Wassers mithilfe der Himmelsplatte erlernt.

Jetzt werden Sie sich mit dem Wassertoren auseinandersetzen.

Die Wassertore

Die Regeln der „Wassertore" werden ausnahmslos aus der Verbindung von Ho Tu und Lo Shu abgeleitet. Auf jedem Lo Pan sind die beiden sehr nützlichen und wichtigen Ringe vorhanden. Sie sehr häufig sind es der erste und zweite Ring. Bitte finden Sie diese Ringe auf Ihrem Lo Pan. Dabei ist zu beachten, dass auf den chinesischen Lo Pans die Trigramme immer von außen nach innen gelesen werden.

Unter dem Begriff der „Wassertore" werden acht Regeln zusammengefasst, die zur Bestimmung von Energieflüssen, Wasserläufen, Straße und Wegführungen dienen. Eine günstige Position soll die Wohnsituation stärken und unterstützen.

Die Bezeichnungen in deutsch oder auch englisch für diese acht Regeln sind sehr unterschiedlich. Sie basieren auf der sehr schwierigen Übersetzung der chinesischen Namen und werden je nach Quelle und Autor unterschiedlich bezeichnet. Wenn Sie in der Literatur oder im fachlichen Austausch über eine Regel etwas erfahren, dann verlassen Sie sich bitte nicht auf den Namen, sondern vergleichen Sie die Inhalte der Regeln miteinander. Oft wird dieselbe Regel unter mehreren, nicht vergleichbaren Begriffen genannt. Die im Buch verwendeten Namen sind gebräuchlich, doch wie viele anderen, nicht allgemeingültig.

Die „Wassertore" setzen sich aus folgenden Regeln zusammen:

- „Methode des früheren Himmels"
- „Methode des späteren Himmels"
- „Position des himmlischen Zerstörers"
- „Methode der Züchtigung der Erde"
- „Position des Wasserräubers"
- „Besucher- Wasserposition"
- „Gast-Wasserposition"
- „Helfendes Wasser"

Die Regeln sind sehr vielfältig. In einer Analyse geht es nicht darum, alle Regeln positiv zu erfüllen, sondern zu beurteilen, welche Regeln aufgrund der vorhandenen Situation zutreffen und wie sie in die Gesamtanalyse integriert werden können.

Ob die eine oder andere Regel durch entsprechende Gestaltung der umgebenden Landschaft günstig genutzt werden kann, hängt immer vom individuellen Beratungsfall ab und sollte auf keinen Fall verallgemeinert werden.

Alle der acht regeln haben etwas gemeinsam:

- sie basieren auf dem Vergleich zwischen Ho Tu und Lo Shu
- sie beziehen sich immer auf die Sitzrichtung des Objektes
- sie berücksichtigen die Harmonien von Ho Tu und Lo Shu, wobei im Ho Tu die ideale Anordnung von Yin und Yang genutzt wird. Im Lo Shu spielt die perfekte Ergänzung der Energie der sich gegenüber liegenden Trigramme eine wichtige Rolle. Die Summe der sich gegenüber liegenden Lo Shu Zahlen (Trigramm-Zahlen) beträgt immer 10 (zwangsweise, weil die Summe von zwei Trigrammen und der Mitte = 5 immer 15 ergibt).

Bevor wir uns der Verknüpfungen zuwenden, fassen wir das Wichtigste über Ho Tu und Lo Shu zusammen.

Ho Tu	Lo Shu
gebräuchliche Bezeichnungen	
Die vorhimmlische Ordnung (Sequenz) Die 8 Trigramme des früheren Himmels	Die nachhimmlische Ordnung (Sequenz) Die 8 Trigramme des späteren Himmels
Bedeutung	
Beschreibt die ideale Ordnung der Natur, Stabilität der Kräfte und das Ur-Muster des Universums vor dem „Urknall"	Beschreibt den natürlichen Jahreskreislauf der Natur, die Wandlung, durch die erst Leben entsteht; es ist das Muster nach dem „Urknall"
Anordnung der Trigramme	
Yin und Yang Kräfte stehen in statischer, paarweise gegensätzlichen Reihenfolge gegenüber: Süden Chien – Norden Kun Osten Li – Westen Kan Südosten Tui – Nordwesten Ken Nordosten Chen – Südwesten Sun	Die Trigramme sind hier aus der gegensätzlichen Paarung gelöst und stehen in der zeitlichen Reihenfolge ihres Hervortretens im Jahreskreislauf: Frühling / Osten / Chen (Zhen) Spätfrühling / Südosten / Sun (Xun) Sommer / Süden / Li Spätsommer / Südwesten / Kun Westen / Herbst / Tui (Dui) Nordwesten / Spätherbst / Chien (Qian Winter / Norden / Kan Vorfrühling / Nordosten/ Ken (Gen)

Ho Tu	**Lo Shu**
Zuordnung der Zahlen	
Jeder Haupthimmelsrichtung und der Mitte wird eine Wandlungsphase zugeordnet. Diese setzt sich aus 2 Zahlen zusammen. Eine Zahl repräsentiert den Anteil der Yin- bzw. Yang-Energie in einer Wandlungsphase: Norden / Wasser = 6 Yin – 1 Yang Süden / Feuer = 2 Yin – 7 Yang Osten / Holz = 8 Yin – 3 Yang Westen / Metall = 4 Yin – 9 Yang Mitte / Erde = 10 Yin – 5 Yang Insgesamt überwiegen Yin-Anteile, die den Yin-Charakter dieser Ordnung bestimmen.	Jeder Himmelsrichtung und der Mitte wird die Zahl des Trigramms zugeordnet. Yin- und Yang-Kräfte stehen abwechselnd nebeneinander. Die Summe der Zahlen in jeder Richtung des Lo Shu (magisches Quadrat) ergibt die Zahl 15: SO / Holz S / Feuer SW / Erde 4 9 2 O / Holz Mitte /Erde W / Metall 3 5 7 NO / Erde N / Wasser NW / Metall 8 1 6
Anwendung	
Für Bauten, die ausgesprochenen Yin-Charakter besitzen, wie z.B. Friedhöfe, Archive, Museen, Mausoleen u.ä.	Für Yang-betonte Bauten wie Wohnungen, Häuser, Landschaften, Gärten, Parks etc.
Anordnung der Trigramme	
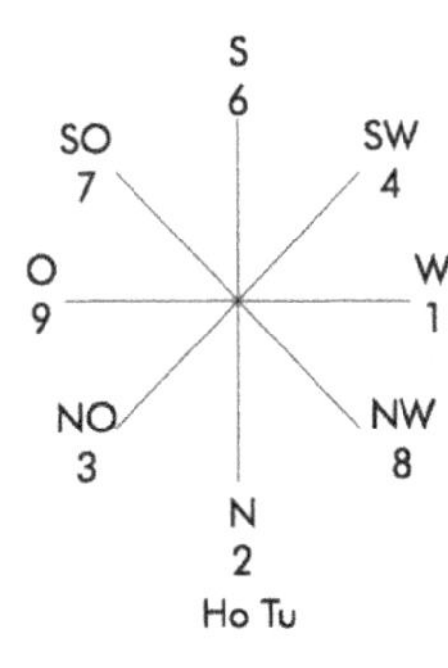 Ho Tu	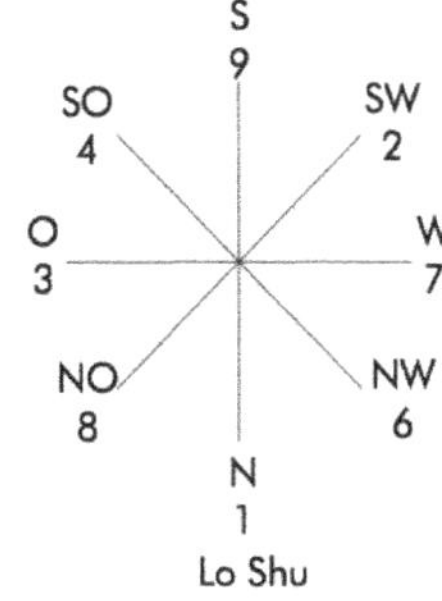 Lo Shu

Der „Ho-Tu-Ring“ wird in acht gleiche Sektoren mit der Ausdehnung von 45° aufgeteilt. In jedem Sektor befindet sich ein Trigramm, angeordnet nach dem Prinzip des „Ho Tu“. Je nach Gerät können die einzelnen Sektoren auch noch mit Yin/Yang – Ausprägung, mittels Farben gekennzeichnet sein.

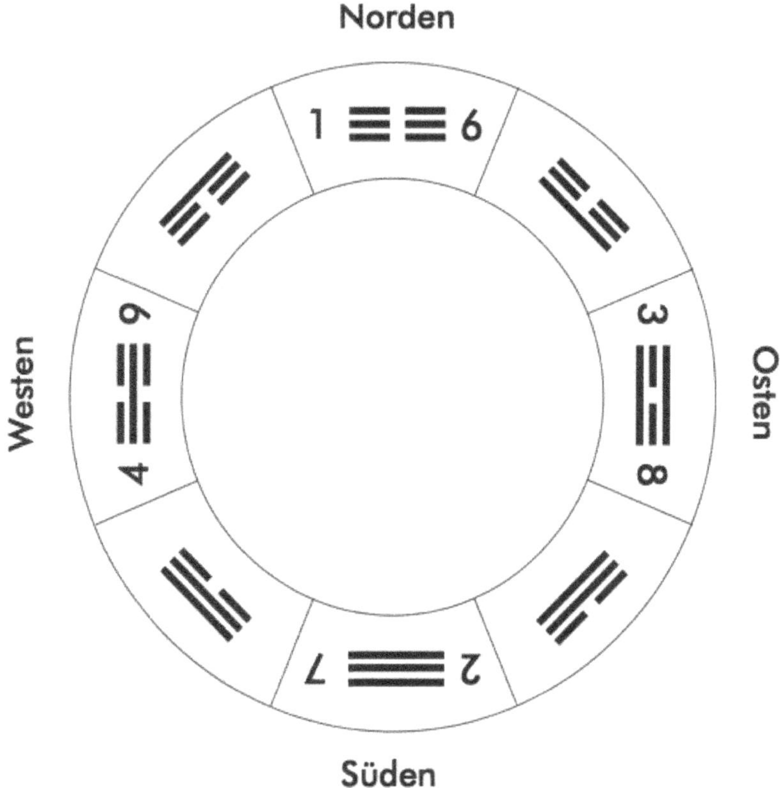

Abb. 6.1: Ein Ho-Tu-Ring

Auf manchen Geräten finden Sie auf dem Ring auch Zahlenpaare der vier Haupthimmelsrichtungen, die jeweils eine Wandlungsphase repräsentieren. Sie haben aber für die Auswertung der Wassertore keine Bedeutung.

Der „Lo-Shu-Ring“ ist in die gleiche acht Sektoren wie der „Ho-Tu-Ring“ aufgeteilt. In jedem Sektor befindet sich ein Trigramm, angeordnet nach dem Prinzip des „Lo Shu“. Die Zahlen sind dem Trigramm direkt zugeordnet und repräsentieren die jeweilige Himmelsrichtung. Je nach Gerät können die einzelnen Sektoren in einer Farbe, die auf die Wandlungsphase hindeutet, unterlegt werden.

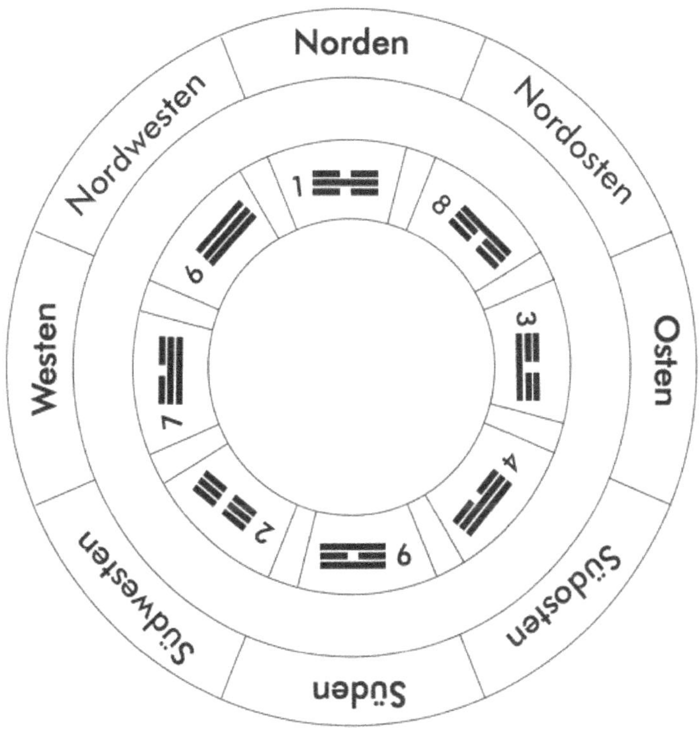

Abb. 6.2: Ein Lo-Shu-Ring

Um die folgenden Wassertore zu verstehen und nachvollziehen zu können, werden Sie stets die beiden Ringe vergleichen und ihre Trigramme, Richtungen und Zahlen in verschiedene Kombinationen zusammen bringen.

Methode des früheren Himmels

Die Methode basiert auf der direkten Verbindung zwischen Lo Shu und Ho Tu und ist von zeitlichen Merkmalen unabhängig.
Maßgebend sind hier **die Zuflussrichtung, sowie die Lage des Wassers**. Sie **bezieht sich auf die Sitzrichtung** eines Hauses.

Sitzrichtung	N	NO	O	SO	S	SW	W	NW
Zahl im Lo Shu	1	8	3	4	9	2	7	6
Zahl im Ho Tu	1	8	3	4	9	2	7	6
Richtung im Ho Tu	W	NW	NO	SW	O	N	SO	S

Die Tabelle wird wie folgt gelesen:

1. Zuerst suchen Sie die Spalte für die Sitzrichtung des Hauses.

2. Unterhalb der Himmelsrichtung der Sitzrichtung steht die Zahl, die im Lo Shu dieser Himmelsrichtung entspricht.

3. Jetzt suchen wir diese Zahl im Ho Tu und finden Sie in einer entsprechenden Himmelsrichtung.

4. Diese Richtung ist für diese Regel maßgebend.

Wirkungen der Regel:

Wenn Wasser aus der Richtung des Ho Tu auf ein Objekt zufließt, dann übt es günstigen Einfluss auf das Wohlbefinden und zwischenmenschliche Beziehungen aus.

Wenn sich Wasser (ohne Zu- oder Abfluss) in der Ho Tu Richtung befindet, dann übt es ungünstigen Einfluss auf das Wohlbefinden und zwischenmenschliche Beziehungen aus.

Beispiele:

Auf ein Haus mit der Sitzrichtung S fließt ein Bach aus östlicher Richtung zu. Es ist eine günstige Situation in Hinblick auf das Wohlbefinden und die zwischenmenschlichen Beziehungen.
Die Richtung Süden entspricht im Lo Shu der Zahl 9 (Trigramm Li). Im Ho Tu steht die Zahl 9 im Osten. Deshalb ist Osten in dem Fall die maßgebende Richtung nach der „Methode des früheren Himmels" für dieses Haus.

Auf einem Grundstück befindet sich im SW ein künstlich angelegter Teich. Das Haus auf dem Grundstück hat die Sitzrichtung SO. Es ist eine ungünstige Situation für den Wohlstand und die zwischenmenschlichen Beziehungen.

Die Richtung Südosten entspricht im Lo Shu der Zahl 4 (Trigramm Sun). Im Ho Tu steht die Zahl 4 im Südwesten. Deshalb ist Südwesten die maßgebende Richtung nach der „Methode des früheren Himmels" für dieses Haus.

Methode des späteren Himmels

Die Methode basiert ebenfalls auf der direkten Verbindung zwischen Lo Shu und Ho Tu und ist von zeitlichen Merkmalen unabhängig. Ihre Deutung beschränkt sich auf die Wohlstandseinflüsse. Maßgebend sind hier lediglich **die Zuflussrichtung oder die Lage des Wassers**. Sie **bezieht sich auf die Sitzrichtung** eines Hauses.

Sitzrichtung	N	NO	O	SO	S	SW	W	NW
Richtung im Ho Tu	N	NO	O	SO	S	SW	W	NW
Zahl im Ho Tu entspricht der	2	3	9	7	6	4	1	8
Richtung im Lo Shu	SW	O	S	W	NW	SO	N	NO

Die Tabelle wird wie folgt gelesen:

1. Zuerst suchen Sie die Spalte für die Sitzrichtung des Hauses.

2. Finden Sie diese Richtung auf dem Ho Tu Ring.

3. Unterhalb der Himmelsrichtung steht die Zahl, die im Ho Tu dieser Himmelsrichtung entspricht.

4. Jetzt suchen wir diese Zahl im Lo Shu und finden Sie in einer entsprechenden Himmelsrichtung.

5. Diese Richtung ist für diese Regel maßgebend.

Wirkung der Regel:

Wenn Wasser aus der Richtung des späteren Himmels (Lo Shu) auf ein Objekt zufließt, dann übt es günstigen Einfluss auf den Wohlstand aus.

Wenn sich Wasser (ohne Zu- oder Abfluss) in der Richtung des späteren Himmels (Lo Shu) befindet, dann übt es ungünstigen Einfluss auf den Wohlstand aus.

Beispiele:

Auf ein Haus mit der Sitzrichtung W fließt ein Bach aus N- Richtung zu. Es ist eine günstige Situation hinsichtlich des Wohlstands.
Der Richtung W im Ho Tu wird die Zahl 1 zugeordnet. Die 1 befindet sich im Lo Shu im N. Deshalb ist N die maßgebende Richtung nach der „Methode des späteren Himmels“.

Auf einem Grundstück befindet sich im O ein künstlich angelegter Teich. Das Haus auf dem Grundstück hat die Sitzrichtung NO. Es ist eine ungünstige Situation hinsichtlich des Wohlstandes.

Der Richtung NO wird im Ho Tu die Zahl 3 zugeordnet. Diese Zahl befindet sich im Lo Shu im O. Deshalb ist Osten die maßgebende Richtung nach der „Methode des späteren Himmels“.

Position des himmlischen Zerstörers

Es ist eine weitere Methode, die auf der direkten Verbindung zwischen Lo Shu und Ho Tu basiert und von zeitlichen Merkmalen unabhängig ist. Ihre Deutung betrifft günstige Einflüsse auf denWohlstand aber ungünstige auf das Wohlbefinden. Maßgebend sind hier **die Zufluss und Abflussrichtung des Wassers**. Sie **bezieht sich auf die Sitzrichtung** eines Hauses.

Sitzrichtung	N	NO	O	SO	S	SW	W	NW
Zahl im Lo Shu	1	8	3	4	9	2	7	6
Zahl im Ho Tu	1	8	3	4	9	2	7	6
Richtung im Ho Tu	W	NW	NO	SW	O	N	SO	S
Zahl im Lo Shu	7	6	8	2	3	1	4	9
Position im Ho Tu	SO	S	NW	N	NO	W	SW	O

Die Tabelle wird wie folgt gelesen:

1. Zuerst suchen Sie die Spalte für die Sitzrichtung des Hauses.
2. Der Sitzrichtung wird die Zahl im Lo Shu zugeordnet.
3. Dieselbe Zahl wird im Ho Tu gefunden und ihre Richtung zugeordnet.

4. Jetzt schauen wir, welche Zahl in dieser Richtung im Lo Shu steht.

5. Dieser Zahl wird wiederum eine Ho-Tu-Richtung zugeordnet.

6. Diese Richtung ist für diese Regel maßgebend.

Wirkung der Regel:

Wenn Wasser aus der Richtung des „himmlischen Zerstörers“ auf ein Objekt zufließt, dann übt es ungünstigen Einfluss auf das Wohlbefinden aus.

Wenn Wasser in die Richtung des „himmlischen Zerstörers“ abfließt, dann übt es günstigen Einfluss auf den Wohlstand aus.

Beispiele:

Auf ein Haus mit Sitzrichtung SO kommt eine Straße aus der N- Richtung zu. Es ist eine ungünstige Situation in Hinblick auf das Wohlbefinden. Der Richtung SO im Lo Shu wird die Zahl 4 zugeordnet. Sie ist im Ho Tu im SW zu finden. Im SW des Lo Shu befindet sich die Zahl 2, die wiederum im Ho Tu im N ihren Platz hat. Deshalb ist N die maßgebende Richtung nach der „Methode des himmlischen Zerstörers“.

Auf einem Grundstück befindet sich eine Quelle, die in südliche Richtung abfließt. Das Haus auf dem Grundstück hat die Sitzrichtung NO. Es ist eine günstige Situation für den Wohlstand.

Der Richtung NO im Lo Shu wird die Zahl 8 zugeordnet. Sie ist im Ho Tu im NW zu finden. Im NW des Lo Shu befindet sich die Zahl 6, die wiederum im Ho Tu im Süden ihren Platz hat. Deshalb ist S die maßgebende Richtung nach der „Methode des himmlischen Zerstörers“.

Methode der Züchtigung der Erde

Dies ist eine weitere Methode, die auf der direkten Verbindung zwischen Lo Shu und Ho Tu basiert und von zeitlichen Merkmalen unabhängig ist. Sie entspricht im Wesentlichen der „Methode des späteren Himmels". Der Unterschied liegt in der Deutung und in **der Berücksichtigung beider Fließrichtungen**.

Sitzrichtung	N	NO	O	SO	S	SW	W	NW
Richtung im Ho Tu	N	NO	O	SO	S	SW	W	NW
Zahl im Ho Tu entspricht der	2	3	9	7	6	4	1	8
Richtung im Lo Shu	SW	O	S	W	NW	SO	N	NO

Die Tabelle wird wie folgt gelesen:

1. Zuerst suchen Sie die Spalte für die Sitzrichtung des Hauses.

2. Finden Sie diese Richtung auf dem Ho-Tu Ring.

3. Unterhalb der Himmelsrichtung steht die Zahl, die im Ho Tu dieser Himmelsrichtung entspricht.

4. Jetzt suchen wir diese Zahl im Lo Shu und finden Sie in einer entsprechenden Himmelsrichtung.

5. Diese Richtung ist für diese Regel maßgebend.

Wirkung der Regel:

Wenn Wasser aus der Richtung der „Züchtigung der Erde" (Richtung im Lo Shu) auf ein Objekt zufließt oder in diese Richtung vom Objekt wegfließt, dann übt es ungünstige Einflüsse auf alle Yin-Merkmale, insbesondere auf weibliche Eigenschaften und Frauen, aus. Die selbe Wirkung kann sich entfalten, wenn sich in dieser Richtung der Haupteingang befindet.

Beispiele:

In einem Haus mit der Sitzrichtung O befindet sich der Haupteingang im S. Diese Situation ist nach der Regel der „Züchtigung der Erde" ungünstig für weibliche Eigenschaften und für Frauen.

Der Richtung 0 im Ho Tu wird die Zahl 9 zugeordnet. Die 9 befindet sich im Lo Shu im S. Deshalb ist S die maßgebende Richtung nach der „Methode der Züchtigung der Erde“.

Position des Wasserräubers

Diese Methode basiert ausschließlich auf der Anordnung der Zahlen bzw. der Trigramme im Lo Shu und baut auf der perfekten Ergänzung der Energie der sich gegenüberliegenden Trigramme (Summe = 10) auf. Anders ausgedrückt: **es ist immer die Blickrichtung des Objektes, die mit der Sitzrichtung die Summe 10 ergibt**. Außerdem beeinflusst die Lage des rechtzeitigen Wassersterns die Deutung der Regel.

Sitzrichtung	N	NO	O	SO	S	SW	W	NW
Zahl im Lo Shu	1	8	3	4	9	2	7	6
Zahl für die Summe =10	9	2	7	6	1	8	3	4
Richtung im Lo Shu	S	SW	W	NW	N	NO	O	SO

Die Tabelle wird wie folgt gelesen:

1. Zuerst suchen Sie die Spalte für die Sitzrichtung des Hauses.
2. Darunter steht die entsprechende Zahl zu der Richtung im Lo Shu.
3. Zu jeder Zahl wird eine weitere Zahl so addiert, dass die Summe 10 ergibt.
4. Den addierten Zahlen werden die entsprechenden Himmelsrichtungen im Lo Shu zogeordnet.

Wirkung der Regel:

Wenn Wasser in diese Richtung vom Gebäude abfließt, dann übt es einen ungünstigen Einfluss auf den Wohlstand und das Wohlbefinden aus.

Wenn sich der rechtzeitige Wasserstern in der Blickrichtung befindet und Wasser auf das Gebäude aus dieser Richtung zufließt, dann ist es eine äußerst günstige Situation.

Beispiel:

Auf dem Grundstück eines Hauses mit der Sitzrichtung SW befindet sich ein künstlicher Bachlauf mit der Fließrichtung nach NO.

Der Sitzrichtung SW entspricht die Blickrichtung NO. In diese Richtung fließt das Wasser ab.

Besucher - Wasserposition

Diese Methode basiert auf der direkten Verbindung zwischen Lo Shu und Ho Tu und **baut auf der perfekten Ergänzung der Energie der sich gegenüberliegenden Trigramme (Summe = 10)** auf. Auch sie bezieht sich auf die **Sitzrichtung des Hauses**.

Der Unterschied zu der vorherigen Regel liegt darin, dass die Richtung der addierten Zahl nicht nach Lo Shu, sondern Ho Tu zugeordnet wird.

Sitzrichtung	N	NO	O	SO	S	SW	W	NW
Zahl im Lo Shu	1	8	3	4	9	2	7	6
Zahl für die Summe =10	9	2	7	6	1	8	3	4
Richtung im Ho Tu	O	N	SO	S	W	NW	NO	SW

Die Tabelle wird wie folgt gelesen:

1. Zuerst suchen Sie die Spalte für die Sitzrichtung des Hauses.

2. Darunter steht die entsprechende Zahl zu der Richtung im Lo Shu.

3. Zu jeder Zahl wird eine weitere Zahl so addiert, dass die Summe 10 ergibt.

4. Den addierten Zahlen werden die entsprechenden Himmelsrichtungen im Ho Shu zugeordnet.

Wirkung der Regel:

Wenn Wasser aus der Richtung der „Besucher-Wasserposition" auf ein Objekt zufließt, dann übt es einen günstigen Einfluss auf männliche Mitglieder (Vater, Sohn, Ehemann) der Familie aus. Für weibliche Mitglieder der Familie und Männer in der weiter entfernten Verwandtschaft ist diese Situation eher ungünstig.

Beispiel:

Auf ein Haus mit der Sitzrichtung O fließt ein Bach aus SO zu. Diese Situation ist nach der Regel der „Besucher-Wasserposition" günstig für Vater, Sohn, Ehemann und ungünstig für weibliche Mitglieder der Familie.

Die Richtung O entspricht im Lo Shu der Zahl 3. Diese Zahl ergibt mit der 7 die Summe der 10. Die 7 befindet sich im Ho Tu im SO. Deshalb ist SO die Richtung nach der Regel der „Besucher-Wasserposition".

Gast - Wasserposition

Bei dieser Methode ist nicht nur der Name der vorherigen Regel ähnlich. Auch sie **basiert auf der direkten Verbindung zwischen Lo Shu und Ho Tu und baut auf der perfekten Yin-Yang-Harmonie im Ho Tu auf**. Sie bildet eine Polarität zu den Regeln der „Besucher-Wasserposition".

Sitzrichtung	N	NO	O	SO	S	SW	W	NW
gegenüberliegende Richtung	S	SW	W	NW	N	NO	O	SO
Zahl im Ho Tu	6	4	1	8	2	3	9	7
Richtung im Lo Shu	NW	SO	N	NO	SW	O	S	W

Die Tabelle wird wie folgt gelesen:

1. Zuerst suchen Sie die Spalte für die Sitzrichtung des Hauses.
2. Darunter steht die gegenüberliegende Richtung, also im Prinzip die Blickrichtung.
3. Dieser Richtung wird die Zahl im Ho Tu zugeordnet.
4. Jetzt suchen wir diese Zahl im Lo Shu und finden Sie in einer entsprechenden Himmelsrichtung.
5. Diese Richtung ist für diese Regel maßgebend.

Wirkung der Regel:

Wenn Wasser aus der Richtung der „Gast-Wasserposition" auf ein Objekt zufließt, dann übt es einen günstigen Einfluss auf weibliche Mitglieder der Familie und Männer in der weiter entfernten Verwandtschaft aus, sofern sie auch in diesem Haus leben. Für männliche Mitglieder (Vater, Sohn, Ehemann) der Familie ist diese Situation eher ungünstig.

Beispiel:

Auf ein Haus mit der Sitzrichtung N fließt ein Bach aus NW zu. Diese Situation ist nach der Regel der „Gast-Wasserposition" günstig für weibliche Mitglieder der Familie sowie Männer in der weiter entfernten Verwandtschaft und ungünstig für Vater, Sohn, Ehemann.

Die Richtung N steht S gegenüber. Im Ho Tu wird Süden die Zahl 6 zugeordnet. Diese Zahl befindet sich im Lo Shu im NW. Deshalb ist NW die Richtung nach der Regel der „Gast-Wasserposition".

Helfendes Wasser

Dies ist die dritte Regel, die auf der **direkten Verbindung zwischen Lo Shu und Ho Tu basiert** und auf der perfekten Ergänzung der Energie der sich gegenüberliegenden Trigramme (Summe = 10) aufbaut.

Sitzrichtung	N	NO	O	SO	S	SW	W	NW
Zahl im Ho Tu	2	3	9	7	6	4	1	8
Richtung im Lo Shu gegenüberliegende	SW	O	S	W	NW	SO	N	NO
Richtung im Lo Shu	NO	W	N	O	SO	NW	S	SW

Die Tabelle wird wie folgt gelesen:

1. Zuerst suchen Sie die Spalte für die Sitzrichtung des Hauses.
2. Der Sitzrichtung wird ihre Zahl im Ho Tu zugeordnet.
3. Dieser Zahl wiederum wird ihre Richtung im Lo Shu zugeteilt.
4. Jeder Richtung wird jetzt die gegenüberliegende Richtung zugeordnet.
5. Diese Richtung ist für diese Regel maßgebend.

Wirkung der Regel:

Wenn Wasser aus der Richtung des „Helfenden Wassers" auf ein Objekt zufließt, dann übt es einen günstigen Einfluss auf das Wohlbefinden und die Beziehungen aus.

Wenn sich Wasser (ohne Zu- oder Abfluss) in dieser Richtung befindet, dann übt es günstigen Einfluss auf den Wohlstand aus.

Beispiel:

An einem Haus mit der Sitzrichtung S führt eine Straße aus südostlicher Richtung vorbei.
Diese Situation ist nach der Regel des „Helfenden Wassers" günstig für das Wohlbefinden und die Beziehungen.

Die Richtung S entspricht im Ho Tu der Zahl 6. Diese Zahl befindet sich im Lo Shu im NW. Die dem Nordwesten gegenüberliegende Richtung (Summe = 10) ist Südosten. Deshalb ist SO die Richtung nach der Regel des „Helfenden Wassers".

Auf dem Grundstück eines Hauses mit der Sitzrichtung NW befindet sich im SW ein künstlich angelegter Teich. Diese Situation ist nach der Regel des „Helfenden Wassers" günstig für den Wohlstand.

Aufgaben zur Wissensüberprüfung

Beantworten Sie selbständig die folgenden Fragen bzw. lösen Sie die Aufgaben. So prüfen Sie selbst, ob Sie das Lernmaterial lückenlos verstanden haben. Außerdem festigen Sie dadurch die erworbenen Kenntnisse. Die Musterlösungen zu den Aufgaben finden Sie im Lösungsteil am Ende des Buches.

Aufgabe 6.1

Analysieren Sie bitte folgende Situation eines Grundstücks mithilfe der acht Wassertore:

- Sitzrichtung Südosten,
- Haupteingang im Westen,
- eine Straße vor dem Haus von SW nach N,
- auf der anderen Seite der Straße ein Naturteich im W,
- im Garten ein Bauchlauf von NO nach O.

Weitere Wasser-Auswertungen

Die gute Nachricht ist, Sie haben es bald geschafft, sich durch die vielen Wasser-Regeln durchzuarbeiten. In diesem Kapitel beschäftigen Sie sich nochmals mit den Ringen des Ho Tu und des Lo Shu. Danach lernen Sie die „Acht Geister der Unterwelt" kennen. Viel Spaß dabei!

Das tote und das verschwindende Wasser

Nachdem Sie die acht Wassertore ausgiebig geübt haben, fällt Ihnen die gegenseitige Verknüpfung der Ringe des Ho Tu und des Lo Shu leichter. Die Wassertore decken im Prinzip fast alle Verknüpfungsmöglichkeiten der beiden Ringe ab. Nur noch eine und zwar die einfachste und grundlegendste ist übrig geblieben: **Wenn Wasser durch dasselbe Trigramm im Ho Tu und Lo Shu fließt.**

Um diese Regeln besser zu verstehen, betrachten Sie bitte zuerst die folgende Tabelle, die in beiden Systemen die Richtung der Trigramme zeigt:

Trigramm	Position im Ho Tu (Himmelsrichtung)	Position im Lo Shu (Himmelsrichtung)
CHEN (ZHEN)	Nordosten	Osten
SUN (XUN)	Südwesten	Südosten
LI	Osten	Süden
KUN	Norden	Südwesten
TUI (DUI)	Südosten	Westen

Trigramm	Position im Ho Tu (Himmelsrichtung)	Position im Lo Shu (Himmelsrichtung)
CHIEN (QIAN)	Süden	Nordwesten
KAN	Westen	Norden
KEN (GEN)	Nordwesten	Nordosten

Die Richtungen des Trigramms CHEN (ZHEN) sind Nordosten im Ho Tu und Osten im Lo Shu. Fließt also Wasser aus der nordöstlichen Richtung auf ein Grundstück zu und führt in östliche Richtung vom Grundstück wieder weg, dann trifft die besondere Art des Energieflusses zu.

Auch die umgekehrte Richtung, d.h. vom Osten auf das Grundstück zu und nach Nordosten weg vom Grundstück, erfüllt die Bedingungen.

Diese Verknüpfungsmöglichkeiten ergeben sich bei jedem Trigramm.

Die beiden Regeln heißen: „**das verschwindende Wasser**" und „**das tote Wasser**"

Die Regel des verschwindenden Wassers trifft zu, wenn ein Wasserlauf aus der Himmelsrichtung des Lo Shu eines Trigramms auf ein Grundstück zufließt und in die Ho Tu Himmelsrichtung desselben Trigramms das Grundstück wieder verlässt.

Die Regel des toten Wassers trifft zu, wenn ein Wasserlauf aus der Himmelsrichtung des Ho Tu eines Trigramms auf ein Grundstück zufließt und in die Lo Shu Himmelsrichtung desselben Trigramms das Grundstück wieder verlässt.

Zusammengefasst sehen die Regel wie folgt aus:

Zufluss des Chi	**Abfluss des Chi**	**Regel**
über Lo Shu	über Ho Tu	das verschwindende Wasser
über Ho Tu	über Lo Shu	das tote Wasser

Wichtige Anmerkung:

Die Zu- und Abflüsse müssen nicht zwingend zusammenhängend sein. Wenn sich mehrere Zu-und Abflüsse auf einem Grundstück befinden, dann können Sie auch miteinander „kombiniert“ werden. Dabei sollte aber die Verhältnismäßigkeit der Wasserläufe beachtet werden, d.h. die Größe bzw. Wirkung der Wasserführungen sollte vergleichbar sein. So wäre eine Kombination aus dem Zufluss eines natürlichen Flusses mit dem Abfluss eines Fußweges vor dem Haus sicher nicht angebracht.

Beide Varianten des Energieflusses tragen unterschiedliche Bezeichnungen, haben jedoch vergleichbar **ungünstige Bedeutung** für ein Objekt. **Der ungünstige Einfluss bezieht sich auf die Merkmale des Trigramms, durch das es fließt**, z.B. CHIEN (QIAN), ungünstig für Kua-Zahl 6, männliche Personen, hilfreiche Menschen, Mentoren, Führung, Kraft, Stärke etc.

In den recht einfachen Regeln steckt jedoch noch mehr Deutungspotential. Aus dem Fluss des Wassers durch die Trigramme, lässt sich auch ein Hexagramm bilden und in die Auswertung einbeziehen.

Wie das Hexagramm gebildet wird, zeigt folgendes Beispiel:

Nach der Regel des „verschwindenden Wassers" fließt ein Bach im Osten zu und verlässt das Grundstück nach NO (Abfluss). Im Lo Shu befindet sich im Osten das Trigramm Chen (Zhen). Der Abfluss im NO bedeutet im Ho Tu auch das Trigramm Chen (Zhen) aber im Lo Shu das Trigramm Ken (Gen). Damit fließt das Wasser durch die Trigramme Chen (Zhen) und Ken (Gen) im Lo Shu. Aus den beiden Trigrammen wird das Hexagramm gebildet: unten Chen (Zen) – Zufluss, oben Ken (Gen) - Abfluss. Diese Trigrammkombination ergibt das Hexagramm 27 „Die Ernährung". Mit der Deutung des Hexagramms kann die ungünstige Bedeutung des Wassers näher beschrieben und im Kontext der individuellen Beratung interpretiert werden.

Die nachfolgende Tabelle fasst die Hexagramme zusammen:

Zufluss Lo Shu	Abfluss Ho Tu	Ungünstig für	Hexagramm
O	NO	Neubeginn und Aktivität	Oben KEN (GEN) Unten CHEN (ZHEN) 27 – die Ernährung
SO	SW	Entwick-lung und Lebensglück	Oben KUN Unten SUN (XUN) 46 – das Empordringen
S	O	Lebensfreude und Vitalität	Oben CHEN (ZHEN) Unten LI 55 – die Fülle
SW	N	Soziale Tätig-keit und das Weibliche	Oben KAN Unten KUN 8 – das Zusammenhalten
W	SO	Resultate und Genuss	Oben SUN (XUN) Unten TUI (DUI) 61 – die innere Wahrheit

Zufluss Lo Shu	Abfluss Ho Tu	Ungünstig für	Hexagramm
NW	S	Innere Klarheit und das Männliche	Oben LI Unten CHIEN (QIAN) 14 – der Besitz von Großem
N	W	Beruf und Karriere	Oben TUI (DUI) Unten KAN 47 – die Erschöpfung
NO	NW	Stabilität und Selbstvertrauen	Oben CHIEN (QIAN) Unten KEN (GEN) 33 – der Rückzug

Die Regel des „toten Wassers“ bietet ebenfalls die Möglichkeit Hexagramme zu bilden. Die Vorgehensweise gleicht der ersten Regel. Hier wird das untere Trigramm durch den Zufluss Ho Tu gebildet. Das obere Trigramm entspricht dem jeweiligen Zeichen, dass sich im Ho Tu in der Himmelsrichtung des Lo Shu Abflusses befindet.

Auch dazu ein Beispiel:

Nach der Regel des „toten *Wassers“ fließt ein Bach im Osten zu und verlässt das Grundstück nach S (Abfluss). Im Ho Tu befindet sich im Osten das Trigramm Li. Der Abfluss im S bedeutet im Lo Shu auch das Trigramm Li aber im Ho Tu das Trigramm Chien (Qian). Damit fließt das Wasser durch die Trigramme Li und Chien (Qian) im Ho Tu. Aus den beiden Trigrammen wird das Hexagramm gebildet: unten Li – Zufluss, oben Chien (Qian) - Abfluss. Diese Trigrammkombination ergibt das Hexagramm 13 „Gemeinschaft mit Menchen“*. Mit der Deutung des Hexagramms kann die ungünstige Bedeutung des Wassers näher beschrieben und im Kontext der individuellen Beratung interpretiert werden.

Die nachfolgende Tabelle fasst auch dazu die Hexagramme zusammen:

Zufluss Ho Tu	**Abfluss Lo Shu**	**Ungünstig für**	**Hexagramm**
O	S	Neubeginn und Aktivität	Oben CHIEN (QIAN) Unten LI 13 – Gemeinschaft mit Menschen
SO	W	Entwicklung und Lebensglück	Oben KAN Unten TUI (DUI) 60 – die Beschränkung
S	NW	Lebensfreude und Vitalität	Oben CHIEN Unten KEN (GEN) 33 – der Rückzug
SW	SO	Soziale Tätigkeit und das Weibliche	Oben TUI (DUI) Unten SUN (XUN) 28 – des Großen Übergewicht
W	N	Resultate und Genuss	Oben KUN Unten KAN 7 – das Heer
NW	NO	Innere Klarheit und das Männliche	Oben CHEN (ZHEN) Unten KEN (GEN) 62 – des kleinen Übergewicht
N	SW	Beruf und Karriere	Oben SUN (XUN) Unten KUN 20 – die Betrachtung
NO	O	Stabilität und Selbstvertrauen	Oben LI Unten CHEN (ZHEN) 21 – das Durchbeißen

Die Interpretation der Hexagramme ist eine Kunst an sich. Sie sollten sich daran nur dann wagen, wenn Sie bereits mit dem „I Ging" und einzelnen Hexagrammen gearbeitet haben. Die Herangehensweise an die entsprechende Deutung kann sehr unterschiedlich sein und Bedarf eigener Erfahrung und Experimentierfreudigkeit. Auf keinem Fall sollte eine wörtliche Übernahme der kompletten Textinhalte angestrebt werden. Eine tiefgreifende und ausführliche Erklärung der diversen Deutungstechniken würde den Rahmen des Buches sprengen.

Die „Acht Geister der Unterwelt"

Auch wenn der Name dieser Regel äußerst geisterhaft klingt, mit mystischen Kräften der Anderswelt hat sie nichts zu tun.

Die Regel der „Acht Geister der Unterwelt" zählt zu den ältesten Regeln des Feng Shui. Aufgrund der sehr langen Überlieferungszeit wurde sie mehrfach, zum Teil sehr unterschiedlich interpretiert. Bis heute sind 2 Varianten ihrer Deutung geblieben, von denen eine mithilfe des Lo Pans ausgewertet werden kann. Die Auswertung erfolgt durch die Kombination der Ringe der Erdplatte und dem speziellen Ring der „Acht Geister". Bitte finden Sie diesen Ring auf Ihrem Lo Pan. Einige Modelle besitzen den Ring gar nicht. Das ist nicht weiter schlimm, weil die Regel recht überschaubar ist und auch mithilfe einer Tabelle ausgewertet werden kann.

Die Basis der Betrachtung bildet die Ausrichtung des Hauses. Maßgebend ist dabei die Blickrichtung.

Die Regel der „8 Geister der Unterwelt" trifft nur auf Gebäude mit folgenden Blickrichtungen gemäß der „24 Berge der Erdplatte" zu: CHIEN (QIAN), KUN, SUN (XUN), KEN (GEN).

Zur Erinnerung, die oben genannten Bereiche der Erdplatte umfassen folgende Gradzahlen:

CHIEN (QIAN) = NW = 307,5° bis 322,5°

SUN (XUN) = SO = 127,5° bis 142,5°

KUN = SW = 217,5° bis 232,5°

KEN (GEN) = NO = 37,5° bis 52,5°

Bitte beachten Sie, dass hier die Himmelsrichtungsabschnitte gemäß der „24 Berge auf der Erdplatte" dienen. Sie umfassen nicht die gesamte Reichweite eines Trigramms gemäß dem Lo Shu.

Der Ring der „Acht Geister" beinhaltet die Information, welche Bereiche für das Vorhandensein von Wasser ungünstig sind. Die folgende Tabelle fasst diese Informationen zusammen:

Blickrichtung	**Bezeichnung nach den „24 Bergen"**	**Ungünstige Bereiche für Wasser**	
307,5° bis 322,5°	CHIEN (QIAN)	277,5° bis 292,5°	337,5° bis 352,5°
127,5° bis 142,5°	SUN (XUN)	97,5° bis 112,5°	157,5° bis 172,5°
217,5° bis 232,5°	KUN	187,5° bis 202,5°	247,5° bis 262,5°
37,5° bis 52,5°	KEN (GEN)	7,5° bis 22,5°	67,5°bis 82,5°

In den ungünstigen Bereichen für Wasser sollte sich kein echter Wasserlauf oder eine Straße befindet. Hier ist die Lage und nicht die Fließrichtung entscheidend.

Dazu ein Übungsbeispiel:

Ein Haus hat die Ausrichtung 130°. Im Umfeld des Hauses gibt es folgende „Wasserformen“:

eine Straße zwischen 125° und 135°

einen Fußweg zwischen 210° und 220°

ein Gartenteich bei 170°.

Ist das Haus von der Regel der „8 Geister der Unterwelt“ betroffen?

Ja, durch den Teich, der sich genau in einem ungünstigen Bereich (162,5° bis 172,6° befindet). Die Straße und der Fußweg sind für diese Regel nicht relevant.

Diese Regel dient einer erweiterten Betrachtung der Wasserformen in der Landschaft. In einzelnen Fällen kann das Ergebnis der Regel im Widerspruch zu einer anderen Regel stehen. In solchen Fällen ist abzuwägen, welche Regel für das Objekt und seine Bewohner wichtiger ist und dominanter wirkt. Eine „Bedeutungs-Skala“, die allgemein gültig wäre, gibt es leider nicht.

Aufgaben zur Wissensüberprüfung

Beantworten Sie selbständig die folgenden Fragen bzw. lösen Sie die Aufgaben. So prüfen Sie selbst, ob Sie die Inhalte lückenlos verstanden haben. Außerdem festigen Sie dadurch die erworbenen Kenntnisse. Die Musterlösungen zu den Aufgaben finden Sie im Lösungsteil am Ende des Buches.

Aufgabe 7.1
Ergänzen Sie folgenden Satz:

„Wenn das Wasser über ________________________ zufließt, dann haben wir es mit totem Wasser zu tun".

Aufgabe 7.2
Ein Grundstück liegt am Fluss, der von Norden nach Westen fließt. Welches Hexagramm wird von dem Wasserfluss betroffen?

Aufgabe 7.3
In welchem Himmelsrichtungsbereich soll sich, nach der Regel der „Acht Geister der Unterwelt", am Haus mit der Blickrichtung 210° kein Wasser befinden?

Astrologische Auswertungen

Astrologie und Feng Shui

Feng Shui und Astrologie sind zwei Wissensgebiete, die sich ergänzen oder aber auch unabhängig voneinander angewendet werden können. An dieser Stelle, die Astrologie umfassend lernen zu wollen, würde den Rahmen des Buches sprengen. Astrologie ist als Lehre mindestens so vielschichtig, wenn nicht sogar noch komplexer, als Feng Shui. Das Erlernen einiger weniger Methoden und Regeln, die im Zusammenhang mit einer Feng Shui Analyse angewandt werden, ist dagegen möglich. Speziell dann, wenn Sie einen Lo Pan im vollen Umfang seiner Funktionalität einsetzen wollen, benötigen Sie bestimmte Grundkenntnisse der Astrologie. Den Einstieg haben Sie mit dem Bearbeiten des Kapitels über Erdzweige und Himmelsstämme geschafft. Jetzt werden Sie sich mit einigen Auswertungsmethoden auseinander setzen.

Die Trigonen der Erdzweige

Die Abbildung der Erdzweige-Verbindungen ist Ihnen bereits bekannt.

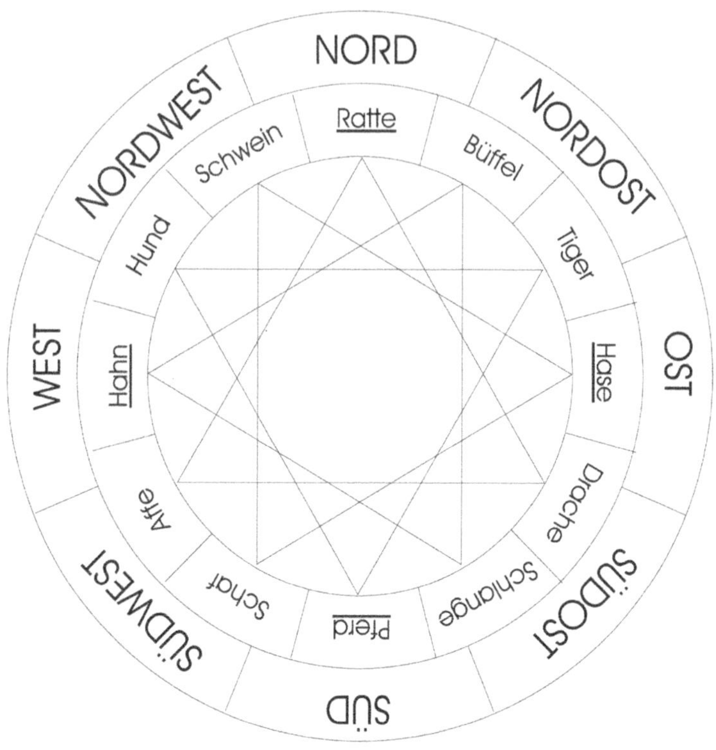

Abb. 8.1: Verbindungen der Erdzweige

Sie können hier anhand der Dreiecke erkennen, welche Erdzweige zusammen ein Trigon, das bedeutet eine Dreier-Verbindung, bilden. Diese Verbindungen tragen den Namen San He. In jedem Trigon verbinden sich nur Erdzweige mit der gleichen Yin-/Yang-Ausprägung.

Trigon	Erdzweige	Konstellation
Ratte – Drache - Affe	W+ / E+ / M+	Wasser
Hase – Schaf - Schwein	H- / E-^{2} / W-	Holz
Pferd – Hund - Tiger	F+ / E+^{2} / H+	Feuer
Hahn – Büffel - Schlange	M- / E- / F-	Metall

Die Konstellation (Prägung) eines Trigons ergibt sich aus der Wandlungsphase des Kardinaltieres.

Das Kardinaltier ist der Erdzweig in einem Trigon, der einer Haupthimmelsrichtung (Kardinal-Richtung) zugeordnet wird.

Damit sind Ratte (Norden), Hase (Osten), Pferd (Süden) und Hahn (Westen) die Kardinaltiere. Sie übernehmen die Rolle des Führers in der jeweiligen Verbindung.

Die Erde kommt in allen Trigonen vor, bildet aber selbst keine eigenständige Verbindung. Das ergibt sich aus der logischen Folge der Zuordnung der Erde zu den nicht kardinalen Himmelsrichtungen.

Die Verbindung der Erdzweige wird in der chinesischen Astrologie als sehr wichtig und mit großer Bedeutung für viele Lebenslagen gesehen. Die Interpretationsansätze sind sehr vielfältig und je nach Quelle nicht selten kontrovers. Grundsätzlich kann aber angenommen werden, dass eine Trigonale Verbindung für eine Person immer eine starke Auswirkung hat.

Ein einfaches Beispiel:

Eine Person mit Pferd als Tierkreiszeichen (Erdzweig des Geburtsjahres) hat in einem Hund-Jahr, insbesondere im Tiger-Monat, eine äußerst glückliche Phase.

Die Verbindungen werden auch genutzt, um zwischenmenschliche Beziehungen zu untersuchen. Wenn zwei Personen sich in einem Trigon befinden, dann erfüllt diese Tatsache eine wichtige Voraussetzung für eine glückliche Beziehung, die besonders zur Zeiten des dritten Erdzweigs in dem Trigon ihre beste Phase erlebt.

Im Rahmen des Buches können wir uns leider nicht ausführlicher mit den astrologischen Auswertungen für Personen beschäftigen. Eine besondere Technik, die durch entsprechende Raumgestaltung unterstützt wird, lernen Sie aber gleich kennen.

Die „Pfirsichblüten-Technik“

Eine der bekanntesten Auswertungen mithilfe der trigonalen Verbindung der Erdzweige trägt den Namen der „Pfirsichblüten-Technik“. Ihr Ziel ist, den Menschen in seinen Beziehungen und Partnerschaften positiv zu motivieren und zu unterstützen. Die gestalterische Optimierung in der „Pfirsichblüten-Technik“ ist eher symbolischer Natur. Die „Pfirsichblüte“ symbolisiert in der chinesischen Kultur Liebe und Zuneigung. Deshalb aktiviert die Pfirsichblüte die positiven Einflüsse in dieser Methode. In der westlichen Kultur können für denselben Zweck sicher auch andere Blüten dienen, z.B. rote Rosen. Die symbolische Bedeutung kann direkt als „Aufblühen der Liebe“ beschrieben werden.

Um den richtigen Platz für die symbolischen Blumen zu finden, bedienen wir uns der Anordnung der Kardinaltiere: Ratte nach Norden, Hase nach Osten, Pferd nach Süden und Hahn nach Westen. Eine Gruppe bilden das Kardinaltier mit den beiden Erdzweigen, die mit ihm ein gleichschenkliges Dreieck bilden:

Ratte – Drache – Affe
Hase – Schaf – Schwein
Pferd – Tiger – Hund
Hahn – Büffel - Schlange

Für jede Gruppe der Erdzweige bildet ein anderes Kardinaltier das sogenannte „Pfirsichblüten-Tier“:

3er Gruppe der Erdzweige	**„Pfirsichblüten – Tier“**	**entspricht Himmelsrichtung (auf dem Ring der Erdzweige)**
Ratte – Drache – Affe	Hahn	255° - 285° (Westen)
Hase – Schaf – Schwein	Ratte	345° - 15° (Norden)
Pferd – Tiger – Hund	Hase	75° - 105° (Osten)
Hahn – Büffel - Schlange	Pferd	165° - 195° (Süden)

Ratte als Kardinaltier steht im Norden, das „Pfirsichblüten-Tier“ im Westen,

das Kardinaltier des Westens ist Hahn und sein „Pfirsichblüten-Tier“ steht im Süden.

Im Süden herrscht Pferd als Kardinaltier und sein „Pfirsichblüten-Tier steht im Osten,

das Kardinaltier des Ostens ist Hase, für den als „Pfirsichblüten-Tier“ Ratte im Norden gehört.

So schließt sich der Kreis der Kardinal- und der „Pfirsichblüten-Tiere“.

Die günstige Richtung für eine Person nach der „Pfirsichblüten-Technik“, wird durch das Tier des Geburtsjahres bestimmt. Die Zuordnung der Tiere (Erdzweige) zum jeweiligen Jahr zeigt die folgende Tabelle:

Tier (Erdzweig)	**Jahre**
Ratte	1924, 1936, 1948, 1960, 1972, 1984, 1996, 2008
Büffel	1925, 1937, 1949, 1961, 1973, 1985, 1997, 2009
Tiger	1926, 1938, 1950, 1962, 1974, 1986, 1998, 2010
Hase	1927, 1939, 1951, 1963, 1975, 1987, 1999, 2011
Drache	1928, 1940, 1952, 1964, 1976, 1988, 2000, 2012
Schlange	1929, 1941, 1953, 1965, 1977, 1989, 2001, 2013
Pferd	1930, 1942, 1954, 1966, 1978, 1990, 2002, 2014
Schaf	1931, 1943, 1955, 1967, 1979, 1991, 2003, 2015
Affe	1932, 1944, 1956, 1968, 1980, 1992, 2004, 2016
Hahn	1933, 1945, 1957, 1969, 1981, 1993, 2005, 2017
Hund	1934, 1946, 1958, 1970, 1982, 1994, 2006, 2018
Schwein	1935, 1947, 1959, 1971, 1983, 1995, 2007, 2019

Bitte beachten Sie, dass auch hier der Sonnenkalender gilt und das Jahr am 4./5. Februar beginnt.

Die Benutzung der Tabelle lässt sich am besten an einem Beispiel erklären:

Herr G., geb. am 10.03.1970 möchte gerne das Thema Beziehungen besonders unterstützen.

Das Geburtsdatum 10.03.1970 wird dem Jahrestier Hund zugeordnet.

Dem Erdzweig Hund entspricht das „Pfirsichblüten-Tier" Hase mit der Himmelsrichtung 75° - 105° (Osten).

Herr G. könnte deshalb in dieser Richtung eine symbolische Unterstützung der Beziehung platzieren.

Zusammenfassend stellt sich die „Pfirsichblüten-Technik" wie folgt dar:

- Das Tier des Geburtsjahres bestimmen (Tabelle)
- Das entsprechende „Pfirsichblüten-Tier" herausfinden
- In der Himmelsrichtung des „Pfirsichblüten-Tieres" eine symbolische Unterstützung der Beziehung/Partnerschaft (z.B. Blumen) positionieren.

Einige Quellen empfehlen diese Methode ausschließlich für Singels, die nach einer neuen Beziehung suchen. Bei bestehenden Partnerschaften könnte sie eher zu Untreue und Seitensprüngen verhelfen. Ob es tatsächlich so zutrifft, kann nur jeder durch Erfahrung herausfinden.

Die „Drei Sha"

Nun kommen wir zu den astrologischen Auswertungen der räumlichen Gegebenheiten. Dazu zählen die Prinzipien der „Drei Sha", im Original „San Sha" genannt.

Zuerst aber erlauben Sie noch eine wichtige Anmerkung zur „San He" Feng-Shui-Schule, um ihre Anwendbarkeit in der Praxis besser einschätzen zu können.

Die „San He" Feng Shui Schule entwickelte sich in der Zeit der Ming Dynastie (1368-1644). Damals verzeichnete die Entwicklung von Feng Shui stark kommerziell orientierte Züge, die oft keine klassische Wurzel hatten. Damals wurden viele Methoden und Regeln beschrieben, die leicht erlernbar und schnell umsetzbar waren. Sie sollten vor allem den zahlreich selbsternannten „Meistern“ zu schnellem Ruhm und gutem Verdienst verhelfen. Deshalb ist es heute nur schwer zu beurteilen, inwieweit diese Regeln als fundierte Tradition oder Scharlatanerie der damaligen Zeit einzustufen sind. Tatsächlich gibt es heute viele erfahrene Anwender, die diese Regeln aufgrund der genannten Unsicherheit ablehnen oder zumindest sehr skeptisch bleiben. Anderseits überdauerte die „San He“ Schule als populäre Methode bis heute. Dies wäre kaum denkbar gewesen, wenn sie keine Auswirkungen in der Praxis gezeigt hätte. Ohne Zweifel gehört das Wissen über diese Regeln zu einer fortgeschrittenen Feng Shui Ausbildung dazu. Wie sie in der praktischen Arbeit eingesetzt werden, ist individuell zu entscheiden.

Für die Bestimmung der Richtung der „Drei Sha“ ist die Richtung des Jahrestieres maßgebend.

Die Richtung der „Drei Sha“ entspricht der gegenüberliegenden Richtung zu der Richtung des Kardinaltieres der 3er-Gruppe, zu der das Jahrestier gehört.

Am einfachsten lässt sich die Regel an einem Beispiel erläutern:

Für das Jahr 2010 gilt Tiger als Jahrestier (s. Tabelle). Tiger gehört zu der Gruppe: Pferd-Tiger-Hund mit dem Kardinaltier Pferd (Süden). Gegenüber vom Pferd, befindet sich im Norden Ratte. Damit gilt Richtung 345° - 15° als die Hauptrichtung der „Drei Sha“ im Jahr 2010.

Die Bezeichnung „Drei Sha“ deutet darauf hin, dass es insgesamt 3 ungünstige Richtungen gibt.

Die Himmelsrichtungs-Abschnitte links und rechts der Hauptrichtung der „Drei Sha“ gelten ebenfalls als ungünstig.

In unserem Beispiel bedeutet dies, dass neben der Ratte auch die Richtungen Schwein und Büffel im Jahr 2010 ungünstig sind. Insgesamt erstreckt sich der Bereich der „Drei Sha" im Jahr 2010 von 315° bis 45°.

Der Überlieferung nach, ist es ungünstig in der Richtung der „Drei Sha" Aushubarbeiten, Renovierungen oder sonstige Baumaßnahmen durchzuführen. Außerdem sollte man nicht mit dem Rücken zu dieser Richtung sitzen. Auch als Schlafrichtung (Richtung des Kopfes beim liegen) sollte die Richtung gemieden werden. Sofern die Regeln eingehalten werden, sind keine Nachteile zu erwarten. Spezielle Optimierungsmaßnahmen werden kaum empfohlen. Gelegentlich finden sich in der alten Literatur Hinweise auf symbolische Schutzgegenstände oder Metallobjekte, die in diese Richtung aufgestellt werden.

In der folgenden Tabelle finden Sie die „Drei Sha" in der Jahresübersicht:

Jahre	**Tier (Erdzweig)**	**Richtung der „Drei Sha"**
2008, 2020	Ratte	135° - 225°
2009, 2021	Büffel	45° - 135°
2010, 2022	Tiger	315° - 45°
2011, 2023	Hase	225° - 315°
2012, 2024	Drache	135° - 225°
2013, 2025	Schlange	45° - 135°
2014, 2026	Pferd	315° - 45°
2015, 2027	Schaf	225° - 315°
2016, 2028	Affe	135° - 225°

Jahre	Tier (Erdzweig)	Richtung der „Drei Sha“
2017, 2029	Hahn	45° - 135°
2006, 2018	Hund	315° - 45°
2007, 2019	Schwein	225° - 315°

Die Richtungen lassen sich direkt auf dem Ring der Erdzweige ablesen. Auch die Kardinaltiere sind auf vielen Geräten besonders gekennzeichnet. Bitte machen Sie sich mit dem Ring auf Ihrem Lo Pan vertraut.

Grand Duke

Ein schöner Name für eine Regel, die zuerst recht geheimnisvoll anmutet. Wie oft im Feng Shui verbirgt sich dahinter eher eine einfache und logisch nachvollziehbare Gesetzmäßigkeit, die aus dem Zusammenhang mehrerer Faktoren abgeleitet wird.

Im Original heißt diese Methode „Tai Sui“, im Westen ist sie unter den Namen „Großherzog Jupiter“ oder eben englisch „Grand Duke“ bekannt.

Der Planet Jupiter dient hier als Namensgeber, obwohl seine Lage am Himmel nichts mit der Berechnung nach dieser Methode zu tun hat. Jupiter umkreißt die Sonne in nahezu 12 Jahren. Damit tritt er alle 12 Jahre an demselben Punkt am Firmament auf. In der chinesischen Astrologie umwandern 12 Tiere im Zeitraum von 12 Jahren die Zeitachse.

Mit dem Begriff des „Jupiter“ wird in der „San He“ Feng Shui Schule die Richtung des Jahrestieres bezeichnet.

Genau genommen, nicht der gesamte Bereich der Himmelsrichtung des Jahrestieres, sondern nur die Spannbreite eines der 24 Berge, die dem Erdzweig des Jahres entspricht.

Auf dem Lo Pan kann diese Spannbreite an der Erdplatte abgelesen werden. Die folgende Tabelle fasst die Richtungen des „Jupiters“ zusammen:

Jahre	Tier (Erdzweig)	24 Berge	Richtung des „Jupiters“
2008, 2020	Ratte	W+	352,5° - 7,5°
2009, 2021	Büffel	E-	22,5° - 37,5°
2010, 2022	Tiger	H+	52,5° - 67,5°
2011, 2023	Hase	H-	82,5° - 97,5°
2012, 2024	Drache	E+	112,5° - 127,5°
2013, 2025	Schlange	F-	142,5° - 157,5°
2014, 2026	Pferd	F+	172,5° - 187,5°
2015, 2027	Schaf	E-^{2}	202,5° - 217,5°
2016, 2028	Affe	M+	232,5° - 247,5°
2017, 2029	Hahn	M-	262,5° - 277,5°
2006, 2018	Hund	E+^{2}	292,5° - 307,5°
2007, 2019	Schwein	W-	322,5° - 337,5°

Die Bedeutung dieser Richtung ist ähnlich wie bei den „Drei Sha". **Auch hier wäre es ungünstig in der Richtung des „Jupiter" Bau- und Erdarbeiten durchzuführen. Man sollte nicht beim Sitzen oder Arbeiten/Lernen in diese Richtung blicken.**

Inwieweit diese Regel in der Praxis sinnvoll anzuwenden ist, lässt sich genauso wenig wie bei den anderen Regeln der „San He" Schule verbindlich bewerten. Alle Regeln zur Auswertung von Richtungsqualitäten gleichzeitig zu berücksichtigen, stößt an die Grenzen der praktischen Umsetzung. Man stellt sehr schnell fest, dass es kaum eine Richtung gibt, die frei von beeinflussenden Faktoren bleibt. Versuchen Sie bitte bei Ihrer Arbeit so viele Regeln wie möglich zu analysieren, um sich einen umfassenden Überblick zu verschaffen. Für die praktische Empfehlung für Ihre Klienten wählen Sie diejenigen Regeln aus, die für den individuellen Fall umsetzbare Ratschläge liefern. Wenn z.B. jemand gar nicht vorhat, Bauarbeiten durchzuführen, dann braucht die Regel des „Jupiters" und der „Drei Sha" auch nicht erwähnt werden. Wenn wiederum jemand in eine ungünstige Richtung schläft, dann sollte zuerst geprüft werden, ob eine Bettumstellung überhaupt möglich wäre, bevor die Person mit der Aussage der Regel konfrontiert wird. Das Ziel einer Beratung, die pragmatische Hilfe zur optimalen Gestaltung von Räumen, hat oberste Priorität. Es darf nicht aufgrund des Überangebotes an Regeln zur Verunsicherung der Klienten kommen.

Die 28 Mondhäuser

Der Bergriff „Mondhäuser“ oder auch „Mondstationen“ bzw. „Mondpaläste“ ist auf die astrologische Tradition der chinesischen Kalendersysteme zurückzuführen. Die Beobachtung des Mondes und seiner Bewegung am Himmel gehört zu den ältesten Erfahrungen der Menschheit. Das System der Mondhäuser wurde bereits im 5. Jahrhundert v.Chr. dokumentiert.

Mit „Mondhäuser“ werden Orte am Himmel bezeichnet, an denen sich der Mond während seines Umlaufs um die Erde befindet.

Jeden Tag wandert der Mond etwas weiter und damit wird jedem Tag ein Mondhaus zugeordnet. **Ein Mondzyklus im astrologischen Sinne beträgt genau 28 Tage.** Dabei wird die tatsächliche Dauer des Mondzyklus von 29 Tagen, 12 Stunden, 44 Minuten und 2,9 Sekunden vernachlässigt.

Aufgrund dieser Differenz und der daraus resultierenden Verschiebung der Zyklen zueinander, werden die Mondhäuser nach bestimmten mathematischen Formeln berechnet und lassen sich nicht direkt aus der tatsächlichen Position des Mondes ableiten. Deshalb kann man nur von idealisierten Mondhäusern bzw. Mondpositionen sprechen, die mit den astronomischen Tatsachen nicht übereinstimmen.

Ursprünglich wurden die Mondhäuser aus der Anordnung von Sternenbildern rund um den Großen Wagen (im alten China der „Nördliche Schöpflöffel“ genannt) abgeleitet. So wurden die 28 Mondhäuser in vier Gruppen mit je sieben Mondhäusern eingeteilt. Jede Gruppe wurde einem der Haupthimmelsrichtungen und einem der vier Schutztiere zugeordnet:

Himmelsrichtung	Schutztier	Mondhäuser
Osten	grüner Drache	1 bis 7
Norden	Schildkröte	8 bis 14
Westen	Tiger	15 bis 21
Süden	Phönix	22 bis 28

Diese Zuordnung besitzt keine tiefere, praktische Bedeutung, außer dass sie die Verknüpfung zwischen einem Mondhaus und einer Himmelsrichtung dokumentiert.

Die Mondhäuser lassen sich mit dem westlichen Mondkalender nicht vergleichen. Der westliche Mondkalender orientiert sich immer an der tatsächlichen Mondphase des jeweiligen Tages und beschreibt dabei diverse Tendenzen des Tages, z.B. günstig für Gartenarbeit, günstig für die Ernte.

Eine Verwechslung beider Systeme, der Mondhäuser mit dem westlichen Mondkalender, liegt nah, weil auch die Mondhäuser dazu dienen, die Qualität eines Tages zu bestimmen. Sie werden benutzt, um die günstigen Tage für einen Neubeginn oder ein Fest auszuwählen. Die Deutung der Mondhäuser wird sehr allgemein gehalten und erlaubt eine mehrdeutige Interpretation. In der chinesischen Tradition haben die Deutungen der Mondhäuser einen sehr hohen Stellenwert und werden nahezu immer bei wichtigen familiären oder gesellschaftlichen Ereignissen berücksichtigt. Es wäre undenkbar an einem ungünstigen Tag zu heiraten oder mit dem Bau eines Hauses zu beginnen.

Dabei muss unbedingt erwähnt werden, dass keine allgemeine Aussage über die Qualität eines Tages für alle Menschen gleichermaßen getroffen werden kann. Ein allgemein günstiges Mondhaus kann für manche Personen sogar ungünstig sein. Dies hängt von der individuellen astrologischen Berechnung auf Basis der vier Säulen (Bazi Suaming) ab. Wie so eine Berechnung gemacht wird, kann an dieser Stelle leider nicht erläutert werden, weil sie fundierte Kenntnisse der chinesischen Astrologie voraussetzt und sehr komplex ist.

Als Feng Shui Berater können Sie trotzdem die Mondhäuser-Auswertung nutzen: entweder für eine allgemeine Vorausschau der Tagesqualität oder zur Unterstützung bestimmter Ereignisse durch entsprechende Raumgestaltung.

Infolgedessen darf der Ring der 28 Mondhäuser auf einem Lo Pan nicht fehlen.

Inwieweit Sie diese Deutungsmöglichkeit in Ihren Beratungen nutzen werden, sollten Sie individuell entscheiden. Fakt ist, dass auch in unserer Kultur diese Deutung immer bekannter und gefragter wird. Die Kenntnisse der praktischen Anwendung der Mondhäuser gehören unumstritten zu den fachlichen Kompetenzen eines Feng Shui Beraters.

Die Qualitäten der Mondhäuser

Den 28 Mondhäusern werden mehrere Eigenschaften zugeordnet:

- ein Erdzweig, der den Himmelsrichtungsbereich des Mondhauses festlegt,
- der Name der Mondstation, der aus Begriffen des täglichen Lebens ausgewählt wurde,
- die Deutung, ob das Mondhaus als günstig der ungünstig eingestuft wird und seine spezifische Prognose,
- die 5 Wandlungsphasen, zusätzlich mit der Zuordnung Sonne und Mond,
- ein Tier und ein Planet, die dem Mondhaus zugeordnet werden (diese Eigenschaft wird aus Gründen der Vollständigkeit aufgeführt, sie hat jedoch nur bei speziellen astrologischen Auswertungen eine Bedeutung).

Die folgende Tabelle fasst die Eigenschaften der Mondhäuser zusammen. Um die Tabelle korrekt anwenden zu können, sind noch einige Erläuterungen notwendig.

In der ersten Spalte wird neben der fortlaufenden Nummer und dem Namen die überwiegende Tendenz angegeben. Diese Tendenz bezieht sich auf die allgemeine Qualität des Tages und schließt nicht aus, dass für bestimmte Merkmale die gegensätzliche Ausprägung gilt.

Ein Beispiel dazu:
Mondhaus 4 „Baum" wird allgemein als günstig bezeichnet. Dies trifft auf Bauen, Beerdigungen, Feste, Feierlichkeiten, Umzug, Lernen und Verträge zu. Für einen Immobilienerwerb ist der Tag dagegen ungünstig.

Die allgemeine günstige oder ungünstige Bewertung orientiert sich an den überwiegenden Tendenzen des Tages.

Außerdem ist es nicht ratsam, die beschriebenen Tendenzen unkritisch und immer als zutreffend anzunehmen. Die tendenziellen Hinweise sind überwiegend auf alte, volkstümliche Deutungen zurückzuführen. Teilweise lassen sich die Ausführungen auch in Werken alter chinesischer Meister finden. Dabei sind Widersprüche der Aussagen einzelner Meister zu bestimmten Mondhäusern nicht selten.

Name überwiegende Tendenz	Deutung günstig für...	Deutung ungünstig für...	Erdzweig Wandlungsphase bzw. Qualität Tier Planet
01. Horn günstig	Bauen, Heirat, Reisen, neu Gestalten und Ankleiden, Hilfe leisten, Frieden stiften und Schlichten, Investitionen, Projektbeginn	Beerdigungen, Begräbnis, Beenden von Projekten	E+ Holz Krokodil Jupiter
02. Hals ungünstig	Rückzahlung von Schulden, Vollbringen von guten Taten	Bauen, Heirat, Beerdigung, Begräbnis, Kampf und Auseinandersetzung, Investitionen, Projektbeginn, Einweihung,	E+ Metall Drache Venus
03. Wurzel ungünstig	Ruhige Aktivitäten	Bauen, Heirat, Beerdigung, Begräbnis, Veränderungen aller Art, Investitionen, Verträge	H- Erde Dachs Saturn
04. Raum günstig	Bauen, Beerdigungen, Feste, Feierlichkeiten, Umzug, Lernen, Verträge	Immobilienerwerb	H- Sonne Hase Sonne
05. Herz ungünstig	Reisen, Opfergaben, Verehrung	Bauen, Heirat, Beerdigung, Begräbnis, Projektbeginn, Feste, Feierlichkeiten	H- Mond Fuchs Mond
06. Schwanz günstig	Bauen, Geschäftseröffnung, Projekte realisieren, Begräbnis, Heirat, Investitionen, Verträge		H+ Feuer Tiger Mars

Name überwiegende Tendenz	**Deutung günstig für...**	**Deutung ungünstig für...**	**Erdzweig Wandlungsphase bzw. Qualität Tier Planet**
07. Getreidekorb günstig	Bauen, Beginn, Heirat, Geschäftseröffnung, Renovierungen, Kontakte, Verträge	Beerdigung	H+ Wasser Leopard Merkur
08. Schaufel günstig	Bauen, Beerdigung, Geschäftseröffnung, Projekt realisieren, Heirat, Investitionen, Verträge		E- Holz Einhorn Jupiter
09. Ochsenhirte ungünstig		Geschäftseröffnung, Bauen, Heirat, Investitionen, Verträge	E- Metall Büffel Venus
10. Mädchen ungünstig	Künstlerische Vorhaben	Bauen, Beerdigung, Heirat, Rechtsstreitigkeiten, Investitionen	W+ Erde Fledermaus Saturn
11. Leere ungünstig	Sich zurückziehen, Sammeln	Bauen, Streitigkeiten, Investitionen, Verträge	W+ Sonne Ratte Sonne
12. Dachgiebel ungünstig		Reisen, Bauen, Heiraten, Beerdigung, Geschäftseröffnung, Rechtsstreit	W+ Mond Schwalbe Mond
13. Haus günstig	Aktivitäten aller Art, Bauen, Heirat, Beerdigung, Umzug, kreative Tätigkeiten, Investitionen, Verträge		W- Feuer Schwein Mars

Name überwiegende Tendenz	Deutung günstig für...	Deutung ungünstig für...	Erdzweig Wandlungsphase bzw. Qualität Tier Planet
14. Mauer günstig	Bauen, Heirat, Beginn von Projekten, Reisen		W- Wasser Stachelschwein Merkur
15. Rittlings (Schritt) ungünstig	Reisen	Streit, Geschäftseröffnung, Rechtsstreit, Beerdigung, Investitionen, Verträge	E^2+ Holz Wolf Jupiter
16. Hügel günstig	Heirat, Bauen, Projektbeginn, Grundsteinlegung, Einweihung		E^2+ Metall Hund Venus
17. Magen günstig	Bauen, Heiraten, Beerdigung, Auftritte in der Öffentlichkeit, Investitionen	Intime, private Angelegenheiten	M- Erde Fasan Saturn
18. Plejaden ungünstig		Heirat, Bauen, Beerdigung, Investitionen	M- Sonne Hahn Sonne
19. Netz günstig	Bauen, Geschäftseröffnung, Heirat, Investitionen, Verträge		M- Mond Rabe Mond
20. Schnabel ungünstig		Bauen, Rechtsstreitigkeiten, Grundsteinlegung, Investitionen, Verträge	M+ Feuer Affe Mars

Name überwiegende Tendenz	Deutung günstig für...	Deutung ungünstig für...	Erdzweig Wandlungsphase bzw. Qualität Tier Planet
21. Orion günstig	Bauen, wissenschaftliche Vorhaben, Reisen, Geschäftseröffnung, Schlichtung von Streitigkeiten	Begräbnis, Heirat, Investitionen, Verträge	M+ Wasser Gibbon Merkur
22. Brunnen günstig	Bauen, geschäftliche Angelegenheiten, Investitionen	Beerdigung	E^2- Holz Tapir Jupiter
23. Geister ungünstig	Beerdigung	Bauen, Heirat, Reisen, Investitionen, Verträge	E^2- Metall Schaf Venus
24. Weide ungünstig		Bauen, Beerdigung, Heirat, Investitionen, Verträge	F+ Erde Käfer Saturn
25. Stern ungünstig	Bauen	Beerdigung, Heirat, Investitionen	F+ Sonne Pferd Sonne
26. Bogen günstig	Bauen, Heiraten, Beerdigung, Verehrung, Verträge		F+ Mond Hirsch Mond
27. Flügel ungünstig		Bauen, Heiraten, Beerdigung, neue Projekte, Investitionen, Verträge	F- Feuer Schlange Mars

Name überwie-gende Tendenz	Deutung günstig für...	Deutung ungünstig für...	Erdzweig Wandlungs-phase bzw. Qualität Tier Planet
28. Kutsche günstig	Bauen, Heiraten, Beerdigung, wissen-schaftliche Vorhaben, öffentliche Anerken-nung, Investitionen, Verträge		F- Wasser Erdwurm Merkur

Die Deutungen der Tendenzen werden ausschließlich zur Bewertung vom Erfolg oder Misserfolg bestimmter Tätigkeiten an den jeweiligen Tagen benutzt. Auch in der alten chinesischen Literatur sind keinerlei Hinweise auf die Erstellung von Horoskopen oder Charakterkunden mithilfe der Mondhäuser zu finden.

Eine weitere Schwierigkeit bei der Anwendung der Mondhäuser ergibt sich aus den stark veralteten Formulierungen, die sich auf die ländliche Lebensbedingungen im alten China beziehen. Viele davon, wie z.B. das Ausgraben von Brunnen oder Nähen von Kleidern, wurden in der Tabelle nicht aufgeführt, weil sie heute kaum eine Bedeutung für uns haben. Andere Merkmale müssen wiederum auf unsere Lebensbedingungen angepasst werden. So kann z.B. mit „Bauen“ nicht nur das Errichten eines Hauses gemeint sein, sondern auch das Treffen einer lebenswichtigen, langfristigen Entscheidung. Zu „Heirat“ zählt sicher neben der standesamtlichen Handlung auch der Beginn einer Partnerschaft dazu.

Auffallend ist die Häufigkeit der günstigen und ungünstigen Tage für Beerdigungen. Dies hängt mit dem stark ausgeprägten Ahnenkult in China zusammen. Die Annahme, dass das Wohlergehen der Verstorbenen maßgeblichen Einfluss auf das Leben der Nachkommen hat, erklärt, warum der Tag der Beerdigung so wichtig ist. Unter der Berücksichtigung unserer Gepflogenheiten kann der Begriff „Beerdigung“ sicher auf andere Aktivitäten, wie Abschiednehmen, etwas beenden, Projekte abschließen oder sich von jemanden trennen, zutreffen.

Mondhäuser in der räumlichen Orientierung

Der Ring der 28 Mondhäuser befindet sich auf dem Lo Pan, obwohl die Mondhäuser auf den ersten Blick eine rein zeitliche Bedeutung haben. Jedes Mondhaus wird aber auch einem Himmelsrichtungsbereich zugeordnet. Eine Auswertung von räumlichen Qualitäten mithilfe der Mondhäuser ist vielleicht nicht sehr gebräuchlich, kann aber durchaus nützlich angewendet werden.

Die erste Art, die Mondhäuser für räumliche Qualität zu nutzen, **bezieht sich auf die Einschätzung der Richtung, aus der an einem Tag das bestimmte Mondhaus reinkommt.**

Ein Beispiel:

Ein Tag steht im Zeichen des Mondhauses 26 = Bogen. Es erstreckt sich zwischen 165° und 183°. Seine Qualität ist u.a. für Verträge günstig. Wenn jemand an dem Tag einen Vertrag unterschreibt, dann wäre es sicher günstig dies in einem Raum mit der Ausrichtung des Mondhauses zu tun.

Diese Anwendung ist zwar theoretisch korrekt aber in der Praxis nicht so leicht anwendbar. Was tun, wenn z.B. in der gewünschten Richtung sich kein geeigneter Raum zur Ausübung der bestimmten Tätigkeit befindet?

Deshalb gibt es noch eine zweite Möglichkeit.

Ein Mondhaus kann durch entsprechende Gestaltung des Raumes in seinem Himmelsrichtungsbereich beeinflusst werden.

Was das bedeutet, lässt sich am besten an einem Beispiel erklären:

Für eine Hochzeit wurde ein Datum gefunden, an dem das Mondhaus 28 = Kutsche = günstig für Heiraten herrscht. Das Mondhaus erstreckt sich zwischen 126° und 145°. Um das Ereignis zu unterstützen wird der Raum, in dem die Hochzeit u/o die Trauung stattfindet, in dem Himmelsrichtungsbereich symbolisch dekoriert. Die Wandlungsphase des Mondhauses ist Wasser, deshalb sollte die Dekoration das Wasser stärken bzw. unterstützen. In dem Fall könnte es z.B. mithilfe einer Wasserschale mit schwimmenden blauen Blüten erfolgen.

Noch ein anderes, gegensätzliches Beispiel:

Eine Geschäftseröffnung muss aus zwingenden organisatorischen Gründen an bestimmten Tag durchgeführt werden. Eine Auswahl eines günstigen Datums ist nicht möglich. Leider herrscht an dem Tag das Mondhaus 15 = Rittlings, das für eine Geschäftseröffnung ungünstig ist. Mithilfe einer entsprechenden Raumdekoration kann aber der Einfluss des Mondhauses geschwächt werden. Mondhaus 15 hat die Wandlungsphase Holz. Eine Dekoration in der Wandlungsphase Feuer, die in seinem Himmelsrichtungsbereich (299° bis 317°) des Geschäftsraumes angebracht wird, würde das Mondhaus schwächen. Eine große rote Kerze oder ein Strauß rote Blumen wären eine passende Dekoration dafür.

Einige Mondhäuser, wie z.B. 18 = Plejaden werden keiner Wandlungsphase, sondern nur der Sonne (Yang) oder dem Mond (Yin) zugeordnet. In den Fällen beschränkt sich die Empfehlung für die Dekoration nur auf ihren Yin- bzw. Yang-Charakter. Das Mondhaus 18 steht im Zeichen der Sonne (Yang) und ist ungünstig. Hier würde man seine Wirkung mit einer Yin-Dekoration schwächen wollen.

Die Anwendung solcher dekorativen Maßnahmen dürfte keinesfalls schaden. Sie sollten sie aber auch nicht überbewerten. Viel wichtiger und wirksamer bleibt sicher die Auswahl eines günstigen Datums und das am besten unter Berücksichtigung der individuellen Konstellation (Ba Zi) einer Person.

Nachdem Sie jetzt wissen, wofür Sie die Mondhäuser brauchen können, sollten Sie noch erfahren, wie Sie für jeden Tag sein Mondhaus berechnen können. Das ist unser Thema im nächsten Kapitel.

Berechnung der Mondhäuser

Die Berechnung der Mondhäuser für ein beliebiges Datum ist sehr kompliziert. Die entsprechenden Formeln logisch nachzuvollziehen, erfordert ein sehr gutes mathematisches Verständnis. Die Schwierigkeit ergibt sich aus der Tatsache, dass 28 Mondhäuser den Zyklus des „60 Tage-Zyklus- Kalenders“ durchlaufen und zuletzt auf das westliche System der 365/366 Tage umgerechnet werden müssen. Die genaue Darstellung der Formeln wäre für das Buch zu umfangreich. Wenn Sie Interesse haben, schauen Sie im Werk von Dr.Manfred Kubny „Traditioneller Chinesischer Mondkalender“ ab Seite 71 nach. Dort können Sie die Zusammenhänge und die mathematischen Ableitungen nachlesen.

Nachfolgend erhalten Sie bereits berechnete Umrechnungstabellen, um die Mondhäuser bestimmen zu können.

Trotz der komplexen mathematischen Formeln, machen einige einfache Zahlenspiele deutlich, dass die Systeme der chinesischen Astrologie und des Kalenders alles andere als zufällig sind.

Der „60-Tage-Zyklus“ lässt sich nicht glatt durch 28 Mondhäuser teilen. Wenn wir die beiden Systeme gegenüberstellen, also mit dem ersten Mondhaus und dem ersten Tag = +HW- des „60-Tage-Zyklus“ beginnen, dann bekommen wir die selbe Kombination nach 7-maligen Durchlauf des „60-Tage-Zyklus“. Damit ergibt sich eine die Dauer von 60x7=420 Tagen. In diesen 420 Tagen wiederholen sich die 28

Mondhäuser insgesamt 420:28=15-mal. Die Zahl 7 steht wiederum im System der Mondhäuser, die den 5 Wandlungsphasen, plus Sonne und Mond, also insgesamt 7 Eigenschaften, zugeordnet werden. Die 7 Eigenschaften durchlaufen 4x das System der 28 Mondhäuser (28:7=4). Teilen wir wiederum die Zahl 60 durch 4, dann erhalten wir 15. 15-Tage dauert ungefähr der halbe Monat nach dem chinesischen Mondkalender und entspricht der Zeit vom Neumond zum Vollmond bzw. vom Vollmond zum Neumond. Zur Erinnerung: die Zahl 15 bildet im Lo Shu die Grundlage aller Berechnungen. Das Lo Shu ist damit die Schlüsselstelle und die Verbindung zwischen zeitlichen (astrologischen) und räumlichen (Himmelsrichtungen) Analysen.

Diese komplizierte Herleitung benötigen Sie in Ihrer praktischen Arbeit nicht. Sie soll Ihnen lediglich verdeutlichen, dass Feng Shui in seiner fortgeschrittenen Form sehr viel mit der Zahlenlogik zu tun hat. Auch wenn die Deutungen und sonstige Interpretationshinweise sehr bildhaft und nahezu magisch für uns klingen, sie basieren auf einem logischen und durchaus berechenbaren System der zeitlichen und geografischen Abläufe.

Nun aber zurück zur praktischen Anwendung. Neben Dr.Manfred Kubny haben auch andere Autoren versucht, die Berechnung der Mondhäuser so einfach wie möglich darzustellen. Das Resultat der Bemühungen ist leider nicht überall „einfach“ ausgefallen. In zwei Literaturquellen fand ich aber eine Berechnung, die man tatsächlich einfach und pragmatisch nennen kann. Sie stammen aus: J.M. Kermadec, „Das große Buch der chinesischen Astrologie“, Orbis Verlag 2000 und W. Oslsla, T. Kogoj, K. Mitschka, „Ihr Chinesisches Horoskop“, Heyne Verlag 2000.

Um für ein beliebiges Datum das Mondhaus zu berechnen, werden drei Zahlen benötigt:

- die Jahreszahl
- die Monatszahl
- die Tageszahl

Am einfachsten von den drei Zahlen ist die Tageszahl zu ermitteln. Es ist das Tagesdatum:

Tageszahl = Tagesdatum

Die Ableitung der Monatszahlen ist dagegen schon ein wenig komplexer. Das Ergebnis lässt sich aber einfach darstellen:

Monat	**Monatszahl**
Januar	27
Februar	2
März	2
April	5
Mai	7
Juni	10
Juli	12
August	15
September	18
Oktober	20
November	23
Dezember	25

Die Jahreszahlen ergeben sich aus der fortlaufenden Nummerierung von 1 bis 28. Dabei müssen der richtige Anfang und die Schaltjahre berücksichtig werden. Die folgende Tabelle fasst die Jahreszahlen zusammen:

Jahr	Jahreszahl	Jahr	Jahreszahl
2010	2	2011	3
2012	4 (+1 für Schaltjahr)	2013	6
2014	7	2015	8
2016	9 (+1 für Schaltjahr)	2017	11
2018	12	2019	13
2020	14 (+1 für Schaltjahr)	2021	16
2022	17	2023	18
2024	19 (+1 für Schaltjahr)	2025	21

(Die Jahre davor und danach können entsprechend fortgeschrieben werden).

Die Berechnungsformel für ein Mondhaus lautet:

Tageszahl + Monatszahl + Jahreszahl = Mondhaus

Ergibt die Addition eine Zahl die größer ist als 28, dann wird vom Ergebnis die Zahl 28 so oft subtrahiert, bis eine Zahl kleiner als 28 übrig bleibt.

Einige Beispiele dazu:

5.10.2010
5 + 20 + 2 = 27 = Mondhaus Flügel, eher ungünstig

27.11.2010
27 + 23 + 2 = 52
52 – 28 = 24 = Mondhaus Weide, eher ungünstig

15.04.2012
15 + 5 + (4+1) = 25 = Mondhaus Stern, eher ungünstig

Liegt ein Datum in einem Schaltjahr vor dem 28. Februar, dann wird nur mit der normalen Jahreszahl, ohne die „+1" gerechnet, z.B.

12.01.2016
12 + 27 + 9 = 48
48 – 28 = 20 = Mondhaus Schnabel, eher ungünstig

In einer Beratungssituation kann es vorkommen, dass Sie, statt für ein bestimmtes Datum die Tendenzen zu ermitteln, um Benennung von günstigen Tagen für ein geplantes Vorhaben gebeten werden.

Zum Beispiel:

Sie haben eine Beratung zur Gestaltung von neuen Geschäftsräumen durchgeführt. Der Inhaber bittet Sie, ihm günstige Termine für die offizielle Geschäftseröffnung zu nennen.
In einer Situation wie dieser, steht der ungefähre Zeitraum für die Eröffnung fest. Üblicherweise kommen einige Tage bis Wochen als Zeitfenster in Frage.
Angenommen die Eröffnung kann zwischen dem 20.03.2011 und dem 18.04.2011 stattfinden. Wie würden Sie dabei vorgehen? Versuchen Sie, bevor Sie weiter lesen, selbständig die Lösung zu erarbeiten.

....

Der Zeitraum 20.03. bis 18.04. umfasst 29 Tage, also einen ganzen Zyklus der Mondhäuser.
Anhand der Tabelle mit den Qualitäten der Mondhäuser lassen sich folgende Mondhäuser als günstig für eine Geschäftseröffnung ermitteln: 6, 7, 8, 19, 21

Für den 20.03.2011 gilt das 25. Mondhaus

Für den 18.04.2011 gilt ebenfalls das 25. Mondhaus (29 Tage später)

Das 6. Mondhaus gilt für den 29.03.2011,

das 7. Mondhaus gilt für den 30.03.2011,

das 8. Mondhaus gilt für den 31.03.2011,

das 19. Mondhaus gilt für den 11.04.2011,

das 21. Mondhaus gilt für den 13.04.2011

Damit sind die allgemein günstigen Tage für die Geschäftseröffnung ermittelt.

In gleicher Art und Weise findet man Tage mit günstigen oder auch ungünstigen Tendenzen für diverse Vorhaben heraus.

Aufgaben zur Wissensüberprüfung

Beantworten Sie selbständig die folgenden Fragen bzw. lösen Sie die Aufgaben. So prüfen Sie selbst, ob Sie das Lernmaterial lückenlos verstanden haben. Außerdem festigen Sie dadurch die erworbenen Kenntnisse. Die Musterlösungen zu den Aufgaben finden Sie im Lösungsteil am Ende des Buches.

Aufgabe 8.1
Wann hat eine Person, die im Tierkreiszeichen Schwein geboren ist, ihre glückliche Phase?

Aufgabe 8.2
In einer Wohnung befindet sich eine symbolische Unterstützung der Partnerschaft im Wohnzimmer bei 180°. Auf welche Person trifft die Maßnahme nach der „Pfirsichblüten-Technik" zu:

A. geb. 13.01.1974
B. geb. 20.10.1974
C. geb. 30.02.1972

Aufgabe 8.3
Die Auswirkungen der „Drei Sha" und der Richtung des „Jupiter" auf Bau- und Erdarbeiten sind gleich. Wodurch unterscheiden sich aber die Regeln?

Aufgabe 8.4
Bitte prüfen Sie, ob folgende Aussage stimmt:
"Mithilfe der 28 Mondhäuser lassen sich persönliche Prognosen im Sinne eines Horoskops erstellen."
Begründen Sie kurz Ihre Antwort

Aufgabe 8.5
Wäre es günstig, am 16.12.2010 eine lange Reise anzutreten? Warum?

Omen, Sterne, Hexagramme

Klassische Auswertungsmethoden

Sie haben bisher wahrscheinlich ohne oder mit geringem Einsatz eines Lo Pans gearbeitet. Trotzdem haben Sie viele gute Analysen und Auswertungen gemacht. Besonders bei reinen „Innenraum-Analysen" kommt man mit vorhandenem Grundlagenwissen und einigen wenigen Tabellen zum Nachschlagen gut zurecht. Doch auch bekannte Klassiker wie die „Omen des Hauses" oder die „Fliegenden Sterne" lassen sich auf dem Lo Pan ablesen. Damit beschäftigen wir uns in diesem Kapitel.

Außerdem wird in dem letzten Theorie-Teil das Wissen um einige weitere Aspekte vervollständigt. Sie lernen noch die Organuhr, das Nan Jia kennen und erfahren, wie der Ring der Hexagramme genutzt werden kann.

Ba-Zhai-Feng-Shui

Das schwierigste an dieser Methode ist die Entwirrung der unterschiedlichsten Begriffe und Bezeichnungen, die heute verwendet werden.

„Ba" bedeutet „acht" und „Zhai" heißt „Haus". Damit lässt sich der Begriff als „Acht-Häuser-Feng-Shui" übersetzen. Vielleicht haben Sie diese Methode unter dem Namen die „Acht-Häuser-Schule" gelernt. Wenn nicht, dann ist es auch kein Problem, weil Sie sicher das „Ost-West-System" oder die „Kompass-Schule" oder die „Omen des Hauses" oder die „Horizontalachse" kennen. Alle die genannten Bezeichnungen meinen dasselbe System und untersuchen in Abhängigkeit von der Blick-/

Sitzrichtung die Qualitäten der einzelnen Himmelsrichtungsbereiche in einem Objekt.

Um die Kommunikation und Verständigung zu vereinfachen, benutze ich im Text das Wort „Omen“ für die jeweilige Qualität eines Himmelsrichtungsbereichs.

Die folgende Tabelle fasst die bekanntesten und geläufigsten Bezeichnungen des „Ba-Zhai-Feng-Shui“ zusammen:

Verschiedene Bezeichnungen für die Omen eines Objektes							**Wandlungsphase**
F	AA	+90%	P1	Sheng Chi	SQ	Vitalität, „Atem erzeugen“	Holz
G	A1	+80%	P2	Tien Yi (Tian Yi)	TY	Himmlischer Arzt / Heiler	Erde
D	A2	+70%	P3	Yian Nian (Yen Nien)	YN	Langlebigkeit	Metall
H	A3	+60%	P4	Fu Wie	FW	Heller Palast, Ausrichtung	Holz
E	D1	-60%	N1	Ho Hai (Huo Hai)	HH	Vorsicht, Unfall, Pech	Erde
B	D2	-70%	N3	Wu Gui (Wu Guei)	WG	Fünf Geister	Feuer
A	D3	-80%	N2	Liu Sha	LS	Sechs Flüche, Sechs Teufel	Wasser
C	D4	-90%	N4	Chueh (Jue) Ming	JM	Untergang, Abschluss	Metall

Neben der Bezeichnung des Omens nennt die Auflistung auch seine Wandlungsphase. Die Wandlungsphase wird benötigt, um die entsprechende Optimierung zu definieren. Dabei werden günstige Einflüsse genutzt und ungünstige geschwächt. Die ersten vier Omen sind günstig, die restlichen vier ungünstig.

Die Details der Zuordnung der Omen zu einem Grundriss und die Ausarbeitung einer Optimierung zählen nicht zu den Inhalten des Fachbuches, weil sie in einer fundierten Grundausbildung enthalten sind.

Hinter jedem Omen verbergen sich bestimmte Potentiale, die genutzt werden können. Es sind keine „Glücks-„ oder „Unglücksorte". Die Klassifizierung des Omens bewertet lediglich die energetische Qualität des Ortes, mit der gearbeitet werden kann.

- **Sheng Chi [schenk tschi] bedeutet "Atem erzeugen"**
  Das ist der günstigste Bereich im Haus. Die Energie erreicht hier ihr Maximum und unterstützt alle Aktivitäten des Lebens. Kreativität, Vitalität, Wohlbefinden und Motivation kommen verstärkt zum Ausdruck. Ein optimaler Bereich für ein Wohn-, Kinder- oder Arbeitszimmer. Für ein Schlafzimmer kann die Energie zu dynamisch werden und den Schlaf stören.

- **Tian Yi [tjen ji] / bedeutet „Himmlischer Heiler"**
  Wie der Name schon sagt, unterstützt dieser Bereich körperliche und geistige Heilungsprozesse. Auch Regeneration nach anstrengenden Tätigkeiten oder Krankheiten kann hier beschleunigt werden. Die Energie hat nährenden, geborgenen Charakter, man fühlt sich hier gut aufgehoben. Deshalb eignet sich der Bereich besonders gut für ein Schlaf-, Kinder-, Kranken- oder Therapiezimmer.

- **Yian Nian [jen njen] / bedeutet „Langlebigkeit"**
  Es ist ein Ort der Harmonie, gut geeignet zum Schlafen, Arbeiten oder Leben mit Familie und Freunden. Das Chi kann hier optimal genutzt werden, weil es die Qualitäten des Kosmos und der Erde verbindet. Insbesondere ältere Personen fühlen sich dabei geborgen im Fluss des Lebens. Der ausgesprochene Harmonie-Charakter unterstützt alle Räume in denen mehrere Personen zusammen leben oder arbeiten.

- **Fu Wei [fu wej] / bedeutet „Heller Palast“ oder „Stabilität“**
  Stabilität, Beständigkeit, Klarheit und Struktur zeichnen diesen Bereich aus. Seine Einflüsse helfen den Bewohnern sich zu konzentrieren, strukturiert zu denken, einen klaren Kopf zu bewahren und den Überblick zu behalten. Diese Eigenschaften passen am besten für ein Arbeits- oder Lernzimmer. Auch für den Eingangsbereich ist es eine günstige Zone.

- **Huo Hai [ho haj] / bedeutet „Schwierigkeiten „ oder „Pech“**
  Dieser Bereich ist der „harmloseste“ aller negativen Bereiche und deshalb sind die mit ihm verbundenen Schwierigkeiten oder Pechsträhnen nicht sehr schwerwiegend. Die hier dominierenden Einflüsse können vielmehr Gereiztheit, Zorn und Neigung zur Streitigkeiten begünstigen. Außerdem kann es ein Ort von Unfällen und Missgeschicken werden, weil die Konzentrationsfähigkeit unter diesen Einflüssen erschwert wird.

- **Liu Sha [lju scha] / bedeutet „Sechs Teufel“ oder „Verlust“**
  Der drittschlechteste Bereich steht für Energieverlust, Missgeschicke und Rückschläge. Seine Einflüsse können Auseinandersetzungen und Streitereien unterstützen, die zur Schädigung des Ansehens und zu rechtlichen Konflikten führen würden. Ein optimaler Bereich für Badezimmer, Toiletten, Lagerräume oder Abstellkammern.

- **Wu Gui [wu kui] / bedeutet „Fünf Geister“ oder „Hindernisse“**
  In diesem Bereich kann ein Haus von außen angegriffen werden. Hier liegt der wunde Punkt, die Schwachstelle der sicheren häuslichen Umgebung. Das Spektrum der möglichen Risiken reicht von Einbrüchen, Betrügereien bis hin zur Feuergefahr. Besonders ungünstig können sich diese Einflüsse bemerkbar machen, wenn sich der Hauseingang in diesem Bereich befindet.

  Andererseits unterstützt diese Zone die energetische Öffnung nach innen. Dies kann für Kreativität, Meditation oder andere geistige Aktivitäten von Vorteil sein.

- **Chueh Ming [tschue mink] / bedeutet „Untergang“ oder „Lebensbedrohung“**
  Die angsteinflössenden Bezeichnungen für diesen Bereich bringen seine energetische Ausprägung zum Ausdruck. In einigen alten Überlieferungen wird die Zone sogar alt „Ort des Todes“ bezeichnet, was keinesfalls im wörtlichen Sinne zu verstehen ist. Hier hat die Energie einen ableitenden, loslassenden Charakter. Sie erschwert damit vorwärtsgerichtete Aktivitäten und Entwicklungen. Ebenso wenig eignet er sich zum Erholen, Regenerieren oder Heilen.

  Günstig ist, wenn die Raumaufteilung eines Hauses diesen Bereich für geringe und wenig bedeutende Aktivitäten (Toiletten, Abstellräume) vorsieht.

Die Zuordnung und Verteilung der Omen können Sie sicher auf Ihrem Lo Pan ablesen. Meistens wird dazu mehr als nur ein Ring gebraucht. So z.B. muss auf dem Lo Pan von Marc Häberlin der Ring 2 entsprechend der Sitzrichtung eingestellt werden, um auf den Ringen 13 bis 16 die Omen abzulesen. Auf dem Gerät von Franz-Karl Rösberg dienen dazu die Ringe 18 bis 22. Dominik Rollé nutzt dafür die Ringe 13 bis 15. Wenn Sie ein anderes Modell benutzen, finden Sie bitte heraus, welche Ringe die Omen eines Hauses beinhalten und wie sie diese ablesen können.

Bei der Beschäftigung mit den Omen drängt sich die Frage auf, wie die günstigen und ungünstigen Omen eigentlich ermittelt werden. Sie resultieren aus den sogenannten Transformationsgesetzen. Und weil diese in den Grundausbildungen selten besprochen werden, schauen wir sie uns genauer an.

Die Basis für die Transformation bildet immer das Trigramm der Sitzrichtung eines Objektes. Von ihm ausgehend, werden für jedes Omen bestimmte Linien in ihr Gegenteil gewandelt: aus Yin- werden Yang- und aus Yang- werden Yin-Linien. So entstehen neue Trigramme, die wiederum die entsprechende Himmelsrichtungszuordnung im Lo Shu haben.

ACHTUNG! Die Linien werden von unten nach oben gezählt!

Lesen Sie die Gesetze wie folgt:

„Um das Sheng Chi-Omen zu erhalten, wird im Trigramm der Sitzrichtung eines Objektes die dritte Linie gewandelt. Die Richtung im Lo Shu des entstandenen Trigramms ist die Richtung des Omens für dieses Haus."

Sheng Chi = Wandel der 3.Linie

Tien Yi = Wandel der 1. und der 2. Linie

Nien Yen = Wandel aller drei Linien

Fu Wei = kein Wandel

Ho Hai = Wandel der 1. Linie

Lui Sha = Wandel der 1. und der 3. Linie

Wu Kwei = Wandel der 2. und der 3. Linie

Chueh Ming = Wandel der 2. Linie

Ein Beispiel dazu:

Haus mit Sitzrichtung Osten = Trigramm Chen (Zhen) mit den Linien Yang/Yin/Yin

Sheng Chi = Wandel der 3.Linie = Yang/Yin/Yang = Li = Süden

Tien Yi = Wandel der 1. und der 2. Linie = Yin/Yang/Yin = Kan = Norden

Nien Yen = Wandel aller drei Linien = Yin/Yang/Yang = Sun = Südosten

Fu Wei = Chen = Osten

Ho Hai = Wandel der 1. Linie= Yin/Yin/Yin = Kun = Südwesten

Lui Sha = Wandel der 1. und der 3. Linie = Yin/Yin/Yang = Ken = Nordosten

Wu Kwei = Wandel der 2. und der 3. Linie= Yang/Yang/Yang = Chien = Nordwesten

Chueh Ming = Wandel der 2. Linie = Yang/Yang/Yin = Tui = Westen

Auf diese Weise können Sie für jedes Objekt die Omen ermitteln. Die Kenntnis der Transformationsgesetze hilft Ihnen vielleicht auch die entsprechenden Ringe auf Ihrem Lo Pan zu finden.

Die Auswertung nach den „Omen des Hauses" zählt zu den gängigsten und populärsten Auswertungsmethoden im Feng Shui. Eng verwandt mit den Omen für ein Haus sind die persönlichen Richtungen, die anhand der sogenannten Kua-Zahl ermittelt werden. Sie tragen den Namen der „Ming Kwa Omen". Sicher haben Sie in Ihrer Grundausbildung diese Betrachtungsweise auch erlernt. Beide Methoden basieren auf den gleichen Grundlagen und Gesetzen. Die persönlichen Richtungen lassen sich ebenfalls auf dem Lo Pan (zumindest auf den meisten Modellen) ablesen. Sie können aber auch sehr einfach in der Literatur nachgeschlagen werden.

Der Unterschied zwischen den persönlichen Omen und den Omen des Hauses liegt an dem Merkmal, worauf sich das Omen bezieht:

Das persönliche „Ming Kwa Omen" ist immer personengebunden und behält unabhängig vom Gebäude, in dem die Person gerade wohnt, ihre Gültigkeit.

Praktisch gesehen bedeutet es, wenn jemand umzieht „nimmt" er seine „Ming Kwa Omen" immer mit.

Das „Ba Zhai Omen“ des Hauses ist immer objektgebunden und bleibt unabhängig von seinen Bewohnern bestehen.

Unter praktischen Bedingungen heißt es, gleichgültig wer in ein Haus einzieht, das „Omen des Hauses“ bleibt bestehen.

Die Auswertung, auch mithilfe des Lo Pans, besteht darin, beide Omen zu vergleichen und festzustellen, ob zwischen dem Bewohner und seinem Haus eine Übereinstimmung vorkommt oder nicht. Im westlichen Sprachgebrauch wird diese Gegenüberstellung der Omen auch als das „Ost-West-System“ bezeichnet.

Die nachfolgende Tabelle fasst die Zuordnungen der Ost- und West-Gruppe zusammen:

	Ostgruppe	**Westgruppe**
Sitzrichtung des Hauses	S, N, O, SO	SW, NW, W, NO
günstige Omen des Hauses	SO, O, S, N	SW, NW, W, NO
ungünstige Omen des Hauses	SW, NW, W, NO	SO, O, S, N
Kua- Zahlen	1, 3, 4, 9	2, 6, 7, 8
günstige „Ming Kwa Omen“	SO, O, S, N	NO, W, NW, SW
ungünstige „Ming Kwa Omen“	NO, W, NW, SW	SO, O, S, N

Reines Yin und Yang

Bei der Betrachtung der Qualitäten der Ausrichtung eines Gebäudes sollte eine Methode nicht fehlen: „Nan Jia“ oder verständlicher ausgedrückt, das „reine Yin und Yang“. Diese Methode verfügt auf einem Lo Pan über einen eigenen Ring, der wie die Erdplatte in 24 Abschnitte unterteilt ist. Bitte finden Sie den Ring auf Ihrem Lo Pan (Häberlin Ring 18, Rollé Ring 10, Rösberg Ring 12).

Die „Nan Jia Aufteilung“ ist eine sehr komplexe Methode, die Trigramme mit den Himmelsstämmen, den fünf Wandlungsphasen, den Himmelsrichtungen und den Mondphasen verknüpft. Auf dem Lo-Pan-Ring geht es nur um zwei Aspekte der Methode: um die Trigramme und die Yin-/Yang-Ausprägung.
Die nachfolgende Tabelle fasst alle 24 Richtungen mit der Gradzahl, seinem Charakter Yin oder Yang und dem Trigramm zusammen:

NORDEN	N1	N2	N3
337,5° - 22,5°	337,5° - 352,5°	352,5° - 7,5°	7,5° - 22,5°
Nan Jia Charakter	Yang	Yang	Yang
Trigramm	Li	Kan	Kan

NORDOSTEN	NO1	NO2	NO3
22,5° - 67,5°	22,5° - 37,5°	37,5° - 52,5°	52,5° - 67,5°
Nan Jia Charakter	Yin	Yin	Yang
Trigramm	Tui	Ken	Li

OSTEN	O1	O2	O3
67,5° - 112,5°	67,5° - 82,5°	82,5° - 97,5°	97,5° - 112,5°
Nan Jia Charakter	Yang	Yin	Yang
Trigramm	Chien	Chen	Kun

SÜDOSTEN	SO1	SO2	SO3
112,5° - 157,5°	112,5° - 127,5°	127,5° - 142,5°	142,5° - 157,5°
Nan Jia Charakter	Yang	Yin	Yin
Trigramm	Kan	Sun	Tui

SÜDEN	S1	S2	S3
157,5° - 202,5°	157,5° - 172,5°	172,5° - 187,5°	187,5° - 202,5°
Nan Jia Charakter	Yin	Yang	Yin
Trigramm	Ken	Li	Tui

SÜDWESTEN	SW1	SW2	SW3
202,5° - 247,5°	202,5° - 217,5°	217,5° - 232,5°	232,5° - 247,5°
Nan Jia Charakter	Yin	Yang	Yang
Trigramm	Chen	Kun	Kan

WESTEN	W1	W2	W3
247,5° - 292,5°	247,5° - 262,5°	262,5° - 277,5°	277,5° - 292,5°
Nan Jia Charakter	Yin	Yin	Yin
Trigramm	Chen	Tui	Sun

NORDWESTEN	NW1	NW2	NW3
292,5° - 337,5°	292,5° - 307,5°	307,5° - 322,5°	322,5° - 337,5°
Nan Jia Charakter	Yang	Yang	Yang
Trigramm	Li	Chien	Chen

Die Zuordnungen basieren auf keiner logischen Verteilung. Lediglich das Trigramm des zweiten Abschnitts entspricht immer dem Trigramm der Himmelsrichtung im Lo Shu. Die „Nan Jia – Methode“ ist eine nur auf Überlieferungen und Erfahrungen gestützte Art der Analyse. Leider ist die Entstehungsgeschichte dieser Methode heute nicht mehr zu rekonstruieren. Seit mehreren Jahrhunderten arbeiten Feng Shui Praktiker mit ihr und erzielen gut verwertbare Resultate. Im Sinne einer „empirischen Wissenschaft" reicht dies als Beweis für die Brauchbarkeit der Methode aus.

Nun stellt sich die Frage nach dem Nutzen dieses komplexen Systems.

Mithilfe des „Nan Jia Charakters" (Yin oder Yang) kann die Harmonie der Blick- und der Sitzrichtung eines Objektes festgestellt werden.

Im Sinne der „Nan Jia Methode" ist es günstig, wenn Blick- und Sitzrichtung eines Gebäudes denselben „Nan Jia Charakter" besitzen. Solche Häuser gelten als günstig und brauchen keine spezielle Korrektur.

Ein Beispiel:

Ein Haus hat die Blickrichtung 245°. Das bedeutet die Richtung SW3.
Der „Nan Jia Charakter" der Blickrichtung ist Yang.
Die Sitzrichtung ist die gegenüberliegende Richtung also NO3 mit dem „Nan Jia Charakter" ebenfalls Yang.
Es ist also eine günstige Situation für den Chi-Fluß des Gebäudes und erfordert keine Korrektur.

Was aber tun, wenn die Blick- und Sitzrichtung einen unterschiedlichen Charakter haben?

Alle Wissensquellen sind sich einig: es sollte korrigiert werden. Uneinigkeit besteht aber darin, wie die Korrektur erfolgen soll. Zu den gängigsten Empfehlungen zählen:

- Blickrichtung verändern
  Dies dürfte aber unter praktischen Bedingungen äußerst selten zu verwirklichen sein. Lediglich bei Neubauten ergeben sich manchmal Alternativen zur Festlegung der Blickrichtung.

- Fassade schräg stellen
  Das entspricht auch einer Blick- bzw. Sitzrichtung-Veränderung. Die praktische Ausführbarkeit braucht recht viel Phantasie und dürfte in einer Beratung auf unüberwindbare Grenzen stoßen.

- Eingang schräg stellen
  Diese Empfehlung bezieht sich auf die falsche Annahme, dass der Eingang die Blickrichtung bestimmt. Damit wäre es auch eine Blickrichtung-Veränderung.

- Zufahrtsweg schräg führen und/oder Gartenzaun schräg setzen
  Ich muss offen zugeben, dass mir diese Maßnahmen recht abenteuerlich anmuten und ich kann sie nicht wirklich ernsthaft begründen.

Um den fehlenden „Nan Jia Charakter" auszugleichen werden gestalterische Yin- oder Yang- Merkmale an der Blick- bzw. Sitzrichtung angewandt.

Dies bedeutet, dass entweder in der Blickrichtung Yin-Elemente oder in der Sitzrichtung Yang-Elemente in der Gestaltung eingesetzt werden. Als Yin für die Blickrichtung würden sich ruhige Formen, einheitliche Bepflanzung oder sanfte Farben gut eignen. Oder man entscheidet sich für die Sitzrichtung und arbeitet dort mit dynamischen Formen, bunten Pflanzen oder feurigen Elementen. Für welche Möglichkeiten man sich entscheidet, hängt immer von den praktischen Möglichkeiten und den Wünschen der Bewohner ab.

Die Organuhr

Auf fast jedem Lo Pan befindet sich noch ein Ring, der strenggenommen nicht zu den klassischen Auswertungen passt, aber eine Analyse unterstützen kann. Die Rede ist von der sogenannten „Organuhr" (Häberlin Ring 10, Rollé Ring 6, Rösberg Ring 23).

In der Traditionellen Chinesischen Medizin werden bestimmte Körperorgane zu sogenannten Funktionskreisen zusammengefasst. Grundlage dafür bildet der Chi-Fluß im Körper entlang der Meridiane. Die chinesischen Organe dürfen nicht mit unserer westlichen Vorstellung über Anatomie gleichgesetzt werden. Die chinesische Medizin versteht unter „Organen" viel komplexere Funktionskreise. Krank sein bedeutet, dass es auf der organischen und / oder energetischen Ebene zu Disharmonien gekommen ist.

Feng Shui beschäftigt sich den mit äußeren Einflüssen der Umgebung auf unser Wohlbefinden. Der kurze Ausflug in die Traditionelle Chinesische Medizin, den wir jetzt unternehmen, ändert nichts an dieser Feststellung. Aus der Verbindung der Uhrzeit mit der Aktivität der Körperorgane, können interessante Beobachtungen in Hinblick auf bestimmte Störungen in Räumen gemacht werden.

Jeder Funktionskreis besteht aus zwei Organen und wird einer Wandlungsphase zugeordnet.

Jeweils ein Organ hat Yin- und ein Organ hat Yang-Qualität. Somit ergeben sich 5 Funktionskreise mit insgesamt 10 Organen.

Yang-Organe arbeiten „nach Bedarf", d.h immer dann, wenn es z.B. etwas zu verdauen gibt, (Gallenblase, Dünndarm) und können teilweise bewusst kontrolliert werden (z.B. Blase). Sie wirken lebensfördernd.

Yin-Organe arbeiten ständig und sind durch Wille bzw. Bewusstsein nicht kontrollierbar. Sie wirken lebenserhaltend.

Die folgende Tabelle fasst die Funktionskreise zusammen:

Wandlungsphase des Funktionskreises	Organe	Qualität
Holz	Leber Gallenblase	Yin Yang
Feuer	Herz Dünndarm	Yin Yang
Erde	Milz/Pankreas Magen	Yin Yang
Metall	Lunge Dickdarm	Yin Yang
Wasser	Niere Blase	Yin Yang

Um die Funktionskreise den 12 Doppelstunden der Tage und damit den Erdzweigen zuzuordnen, fehlen noch 2 Organe bzw. ein Funktionskreis. **Diese Lücke füllen das „Perikardium" und die „3 Erwärmer", die zu einem zweiten Funktionskreis des Feuers zusammengefügt werden.**

Das Perikardium ist der Herzbeutel. In seiner Funktion umhüllt und beschützt es das Herz. Seine Qualität ist dementsprechend Yin.

Unter den „3 Erwärmern" versteht man die Eingänge vom Magen, Dünndarm und Blase. Es handelt sich also um kein selbständiges Organ, sondern eher um einen Funktionskreis, welcher die Weitergabe von Nahrung und Flüssigkeit zur Aufgabe hat. Er wird auch als „Weg der Ernährung" bezeichnet. Seine Qualität ist Yang.

Die Organfunktionskreise haben bestimmte Zeiten der höchsten und der niedrigsten Aktivität, an denen sie ihre Funktionen bestmöglich erfüllen bzw. ruhen. Auch in der westlichen Medizin konnten inzwischen diese Zusammenhänge nachgewiesen werden, z.B. bei der Untersuchung der Häufigkeit von Asthmaanfällen.

Die folgende Tabelle fasst die Organuhr zusammen. In der ersten Spalte finden Sie die Organe, in der zweiten die gebräuchliche Abkürzung der Bezeichnung. Die zwei weiteren Spalten geben die Zeiten der höchsten Aktivität und der Inaktivität wieder.

Organ	**Bezeichnung**	**Hauptzeit**	**Inaktiv**
Gallenblase	GB	23:00 – 01:00	11:00 – 13:00
Leber	LE	01:00 – 03:00	13:00 – 15:00
Lunge	LU	03:00 – 05:00	15:00 – 17:00
Dickdarm	DI	05:00 – 07:00	17:00 – 19:00
Magen	MA	07:00 – 09:00	19:00 – 21:00
Milz/ Pankreas	MP	09:00 – 11:00	21:00 – 23:00
Herz	HE	11:00 – 13:00	23:00 – 01:00
Dünndarm	Dü	13:00 – 15:00	01:00 – 03:00
Blase	BL	15:00 – 17:00	03:00 – 05:00
Niere	NI	17:00 – 19:00	05:00 – 07:00
Perikardium	KS	19:00 – 21:00	07:00 – 09:00
3 Erwärmer	3E	21:00 – 23:00	09:00 – 11:00

Die Organuhr zeigt, zu welcher Uhrzeit welches Organ seine aktive Zeit hat.

Die inaktive Zeit eines jeden Organs liegt genau gegenüber.

Ein Beispiel:

Lunge ist zwischen 03:00 und 05:00 Uhr am aktivsten, zwischen 15:00 und 17:00 Uhr dagegen inaktiv.
Blase hat genau umgekehrte Aktivitätszeiten: Sie ist zwischen 03:00 und 05:00 Uhr inaktiv und zwischen 15:00 und 17:00 Uhr am aktivsten.

Wenn eine Person immer zur gleichen Zeit in der Nacht, in unserem Beispiel zwischen 03:00 und 05:00 Uhr, ohne direkt nachvollziehbare Gründe aufwacht, dann kann es entweder mit der Lunge oder mit der Blase etwas zu tun haben. Symptomatische Störungen können sich entweder in der aktivsten oder auch in der inaktiven Phase manifestieren.

So können Rückschlüsse auf das Organ gemacht werden, welches mit dieser Zeit in Verbindung steht. Davon wiederum können die betroffene Wandlungsphase, der Himmelsrichtungsbereich und der Erdzweig abgeleitet werden. Bei einer Störung kann im Himmelsrichtungsbereich des Organs eine Disharmonie vorhanden sein. Die entsprechenden Wohnungsbereiche sollten deshalb besonders aufmerksam analysiert werden. Außerdem kann astrologisch untersucht werden, in welcher Interaktion die Person mit dem betroffenen Erdzweig steht.

Weitere Untersuchungen der körperlichen Beschwerden bzw. die Diagnose einer gesundheitlichen Störung dürfen seitens des Feng Shui Beraters nicht vorgenommen werden. **Ein Weiterverweis auf einen Arzt oder Heilpraktiker ist absolut erforderlich.**

Die Fliegenden Sterne

Hinter dem Begriff der „Fliegenden Sterne" verbirgt sich mehr als nur eine zeitdimensionale Auswertungsmethode. Dadurch können unter Feng Shui-Anwendern Missverständnisse in der „Korrektheit" der Fliegenden Sterne aufkommen. Um die Problematik aus dem Weg zu schaffen, beachten Sie bitte folgende Zusammenfassung:

„San Yuan":

- **Yin San Yuan** basiert auf den 64 Hexagrammen, kombiniert mit den Erdzweigen und Himmelsstämmen, Anwendung für Grabstätten und Gebäuden mit postmortalem Charakter. In unserer Kultur und unter Berücksichtigung der Vorschriften zur Errichtung eines Grabes, kann die Methode für Grabgestaltung kaum bis gar nicht angewendet werden.
- **San Yuan Xuan Kong** basiert auf dem System der 9 Paläste und der Kombination aus Berg- und Wasserstern, berücksichtigt auch die jährlichen und monatlichen Sterne, Anwendung für Wohn- und Geschäftsgebäude. Es ist die am häufigsten verwendete Methode.

„Xuan Kong"
Klassische Methode, die auf den 9 Palästen und der Kombination aus Wasser- und Zeitstern basiert, Qualität der Sterne ist nicht zeitabhängig. Die Methode wurde durch Eva Wong bekannt.

„San Ho"
Basiert auf dem San Ho Luo Pan, untersucht die Erdzweige und die Himmelsstämme, sowie die 9 Sterne der Blick und Sitzrichtung, dazu kommt die Bedeutung von Bergen und Wasserformen.

Auf einem Lo Pan finden Sie alle Daten, die Sie zu Auswertung der „Fliegenden Sterne" benötigen. Wo Sie die Daten genau finden, ist sehr stark modellabhängig und kann deshalb nicht allgemein besprochen werden. Versuchen Sie bitte anhand des Handbuches zu Ihrem Gerät das Finden und Ablesen der Sterne nachzuvollziehen.

Unabhängig davon, wo Sie die Sterne finden und wie sie abzulesen sind, sollten wir uns aber mit einigen wichtigen Aspekten dieser Methode auseinander zu setzen.

Die Bauperiode

Bei der Berechnung der „Fliegenden Sterne" spielt das Baujahr eines Hauses eine sehr wichtige Rolle. Darunter wird der Zeitpunkt verstanden, zu dem der Rohbau fertig gestellt und dabei das Dach geschlossen wurde. Je nachdem, ob dieser Zeitpunkt innerhalb einer Periode oder an ihrer Grenze liegt, muss das Baujahr mehr oder weniger genau zu bestimmen sein.

Die Berechnung der Zeitperioden im chinesischen Kalender basiert auf der Tatsache, dass sich die Sonne und die Planeten Merkur, Venus, Erde, Mars, Jupiter und unser Mond alle 60 Jahre in einer geraden Linie aufreihen.

Einerseits werden drei solche Zeitabschnitte von 60 Jahren in eine Ära zusammengefasst, andererseits wird ein 60-jähriger Zeitabschnitt in 3 Perioden á 20 Jahren unterteilt.

Jeder 60-Jahre Zyklus bildet eine Ära. Es werden drei Ären unterschieden: die Obere, die Mittlere und die Untere. Die drei Ären bilden den sogenannten **„Großen Zyklus"**, der 180 Jahre andauert und sich anschließend in seiner Qualität stets wiederholt. Jede Ära wird wiederum in 3 Perioden unterteilt, wobei die Perioden über alle 3 Ären fortlaufend nummeriert werden.

Ära	Periode	Zeitraum
Obere Ära	Erste Periode	1864 - 1883
	Zweite Periode	1884 - 1903
	Dritte Periode	1904 - 1923
Mittlere Ära	Vierte Periode	1924 - 1943
	Fünfte Periode	1944 - 1963
	Sechste Periode	1964 - 1983
Untere Ära	Siebte Periode	1984 - 2003
	Achte Periode	**2004 - 2023**
	Neunte Periode	2024 - 2043

Der erste offiziell aufgezeichnete Zyklus begann im Jahre 2637 v.Chr. 2003/2004 fand der Wechsel von der siebten Periode (bis 3.02.2004) in die **achte Periode** (dauert bis 3.02.2024) im 25. „Großen Zyklus", der am 3.Februar 2044 enden wird.

Um die Perioden vor 1864 zu berechnen, werden für jede Periode 20 Jahre subtrahiert. Nach 2024 werden für jede neue Periode 20 Jahre addiert.

In der Praxis bedeutet es, dass für Häuser, die an der Grenze des Periodenwechsels gebaut wurden, z.B. um 1963, eine sehr genaue Datumsfestlegung erforderlich ist. Manchmal jedoch, besonders bei älteren Gebäuden, ist die genaue Bestimmung des Baujahrs kaum möglich. Wenn keine Baupläne im Original vorhanden sind und die Bewohner nur sehr wage Vermutungen äußern, dann ist meistens eine verlässliche Analyse nach den „Fliegenden Sternen" nicht möglich.

Es existieren Lehrmeinungen, dass nicht das Baujahr, sondern das Einzugsdatum als Auswertungsbasis genommen werden soll. Persönlich und erfahrungsgemäß teile ich diese Lehrmeinung nicht. Warum? Ich versuche es mithilfe der speziellen Relativitätstheorie Einsteins zu erklären. Ohne jetzt in die Details einzusteigen, hat Einstein belegt, dass Raum und Zeit zwei absolut verknüpfte Phänomene sind und völlig voneinander abhängig. Seitdem spricht die Physik nicht mehr vom Raum und von der Zeit, sondern von der „Raumzeit". Ein Objekt kann nur beschrieben werden, wenn gleichzeitig sein Ort und seine Zeit fest definiert sind. Dasselbe Objekt weist zu einer anderen Zeit, am selben Ort gänzlich andere Eigenschaften auf. Umgekehrt gilt es genauso. Für mich ist es nicht anders als das, was die Fliegenden Sterne auch tun. Die Qualität eines Objektes = hier Gebäude, an einem fest definiertem Platz = hier Koordinaten der Himmelsrichtungen, zu einem bestimmten Zeitpunkt = hier „Baujahr" zu erfassen. Demzufolge hätte die Anwesenheit der Menschen (Einzug ins Haus) auf das System keinen Einfluss. Die „menschliche Schwingung" kann die Raumzeit nicht beeinflussen. Vielmehr stellt sich hier die Frage, wie sich der Mensch in die Raumzeit-Qualität rein findet und mit ihr interagiert. Und genau das untersuchen wir in einer Fliegenden Sterne-Analyse.

Ähnliche Schwierigkeiten der Baujahrbestimmung treten auf, wenn das Gebäude im Laufe der Jahre umfangreich saniert oder ausgebaut wurde. Hier wird eine alte Regel zugrunde gelegt, die besagt: damit sich eine Bauperiode ändern kann, muss das Dach geöffnet werden. Diese Regel existiert tatsächlich. Es stellt sich nur die Frage, ob sie heute noch wörtlich zu nehmen ist. So müssten alle Wohnungen bzw. Einfamilienhäuser, die über Dachfenster oder Dachbalkone verfügen, immer wieder eine neue Bauperiode haben. Für den Chi-Fluss spielt es jedoch keine Rolle, ob ein Loch im Dach durch Renovierung oder durch Lüften zustande kommt. Andererseits gibt es Fälle, bei denen ein Haus (z.B. ein Fachwerkhaus, das nur noch als Gerippe steht) entkernt wird aber das Dach unberührt von den Maßnahmen bleibt. Sollte sich in solchen Fällen die Bauperiode nicht ändern? Noch ein moderner Fall: ein Dach wird neu gedeckt. Die gesamten alten Ziegel werden abgetragen und durch neue ersetzt. Die Isolierung und die Folien darunter blieben aber liegen. Reicht es, um die Periode zu wechseln? Wie Sie also merken, die Regel ist nicht so einfach und muss den heutigen Gegebenheiten angepasst werden.

Dafür müssen wir uns im Klaren sein, dass die Regel in einer Zeit entstanden ist, in der es weder Dachfenster, noch Dachisolationen oder andere technische Renovierungsmaßnahmen gab. Ein Haus bestand aus einer Etage, oft einem einzigen, großen Raum und wurde mit einer einfachen Dachkonstruktion gedeckt. Was passierte damals, wenn das Dach „geöffnet" wurde, z.B. durch einen Sturm oder Feuer? Das Haus wurde UNBEWOHNBAR. Das Gebäude bot keinen Schutz mehr und ist als Haus „gestorben". Sobald das Dach repariert wurde, konnte man im Haus wieder leben, das Haus wurde sozusagen „neu geboren". Ich denke, das ist es, was uns diese alte Regel vermitteln will.

Die Bauperiode eines Hauses ändert sich, wenn das Haus unbewohnbar geworden ist und keinen ausreichenden Schutz bietet.

Zu den relativ sicheren Hinweisen auf eine Änderung des Baujahres zählen:

- Sanierungen, die ein Haus vorübergehend unbewohnbar machten (bitte nicht mit „unbewohnt", z.B. durch Mieterewechsel, verwechseln).
- Großräumige Anbauten, die das Volumen des Gebäudes in erheblichem Maße (um ca. 60 bis 100% und mehr) vergrößern. Kleinere Anbauten in der Größenordnung eines Zimmers oder eines Wintergartens spielen keine Rolle.
- Ein Haus wurde z.B. nach einem Brand oder Überschwemmung ganz oder teilweise abgerissen und neu aufgebaut.

Die Entscheidung, wie Sie diese Regel interpretieren wollen, liegt ganz bei Ihnen. Es ist jedoch wichtig, keine alte Regeln ohne sie zu hinterfragen, anzuwenden. Die Zeiten und die Rahmenbedingungen für das Leben ändern sich, deshalb müssen auch alte Regeln neu interpretiert werden.

Bei allen Auswertungsfällen, die keine eindeutige Baujahrbestimmung ergeben, sondern z.B. auf zwei wahrscheinliche Zeitpunkte hinweisen, kann eine Vergleichsanalyse aufschlussreich sein. Dabei werden energetische Diagramme für beide Perioden erstellt und ausgewertet. Ein Vergleich mit der tatsächlichen Geschichte des Hauses und seiner Bewohner in der Vergangenheit kann darauf hindeuten, welches Diagramm auf das Haus zutrifft. Dazu ein Beispiel:

Ein Haus wurde vermutlich zwischen 1962 und 1965 erbaut. Die Bewohner sind 1980 in das Haus eingezogen. Das genaue Baujahr lässt sich nicht bestimmen. Umfangreichere Sanierungsmaßnahmen oder Anbauten haben nicht stattgefunden. Es wird eine Analyse für die aktuelle 8.Periode gewünscht. Die Blickrichtung ließ sich problemlos ermitteln.

Um festzustellen, welche Bauperiode auf das Haus zutrifft wurden zwei Diagramme erstellt: eines für die 5.Periode bis Ende 1963 und eines für die 6.Periode ab 1964 und zwar nicht aus der Sicht der aktuellen 8. sondern der vergangenen 7.Periode, weil die Bewohner das Geschehen und die eigenen Empfindungen in diesem Zeitraum gut nachvollziehen konnten. Die Gegenüberstellung markanter Tendenzen führte zu interessanten Rückschlüssen:

Diagramm für die 5.Bauperiode, eindeutige Tendenzen für die 7.Periode	***Diagramm für die 6.Bauperiode, eindeutige Tendenzen 7.Periode***	***Bewertung aus der Sicht der 7.Periode durch die Bewohner***
Schwierigkeiten am Arbeitsplatz, Konkurrenz	*Positive berufliche Tendenzen, Beförderung*	*Der Familienvater war mit seiner Arbeit sehr zufrieden*
Glückliche Beziehung, glückliche Ereignisse	*Differenzen in der Partnerschaft*	*Die Eheleute haben eine partnerschaftliche Krise hinter sich*
Ungünstige Einflüsse auf die Energie des Kinderzimmers	*Unterstützung künstlerischer und wissenschaftlicher Tätigkeiten*	*Der inzwischen erwachsener Sohn liebte sein Zimmer sehr und hatte keine schulische Schwierigkeiten*

Bereits die wenigen Interpretationen des energetischen Diagramms zeigen deutlich, dass das Haus das Energiemuster nach der 6.Bauperiode aufweist. Es musste also nach 1963 erbaut sein. Mit dieser Annahme ist die Ausarbeitung einer Analyse für die Tendenzen der 8.Periode kein Problem mehr.

An dieser Stelle ein Tipp: Unter www.9-sternlein.de können Sie kostenlos die Fliegende Sterne mit ihren Tendenzen für jedes Objekt und jede Periode berechnen. Das spart Zeit, besonders dann, wenn verschiedene Auswertungsperioden zu vergleichen sind.

Diese Vorgehensweise ist sicher sehr arbeitsintensiv und setzt eine intensive Auseinandersetzung mit der Vergangenheit voraus. Sie unterstreicht jedoch die professionelle und genaue Arbeitsweise des Beraters.

Die vergleichende Analyse stößt vor allen dann an ihre Grenzen, wenn die „Vorgeschichte" nicht zu rekonstruieren ist oder sie zu weit zurück liegt. Dann ist die Anwendung anderer Methoden ratsamer.

Wenn die Blick-/Sitzrichtung und das Baujahr eines Hauses bekannt sind, kann das energetische Diagramm erstellt werden.

Die Erstellung und Auswertung eines Sternen-Diagramms haben Sie sicher in Ihrer Grundausbildung erlernt. Eine grundlegende Wiederholung würde den Rahmen der Schulung sprengen.

An dieser Stelle widmen wir uns aber bestimmten Spezialfällen, die mithilfe der sogenannten Ersatzsterne gelöst werden können. Dazu benötigen Sie aber zuerst Kenntnisse über die Taburichtungen.

Taburichtungen

Eine genaue und verlässliche Kompassmessung durchzuführen ist eine Herausforderung für jeden Berater. In vorangegangenen Kapiteln haben Sie die wichtigsten Anforderungen an eine Messung erfahren. Doch was tun, wenn trotz sorgfältigster Messung das Ergebnis genau auf die Grenze zwischen zwei Himmelsrichtungen fällt?

In solchen Fällen haben wir es mit den sogenannten „Taburichtungen" zu tun.

Als „Taburichtungen" gelten Ausrichtungen, die exakt oder unmittelbar beim Übergang zwischen zwei Himmelsrichtungen liegen.

Der Bereich „unmittelbar" an den Übergängen erstreckt sich über knappe 2° in beide Richtungen. Zum Beispiel: die Grenze zwischen Süden und Südosten liegt bei 157,5°. Der Bereich von 155,5° bis 159,5° gilt als Taburichtung.

Darüber hinaus gelten als „Taburichtungen" Grenzbereiche zwischen den 24 Bergen, wenn zwei Berge unterschiedliche Qualität (Yin oder Yang) haben.

Auch hier gilt der Bereich von +/- 2° von der Grenze entfernt.

Eine „Taburichtung" bedeutet nicht, dass eine Auswertung nicht möglich ist. Innerhalb der Taburichtungen vermischen sich die Einflüsse der angrenzenden Bereiche und erschweren damit die Auswertung. Dadurch ist es schwieriger das Haus und seine Einflüsse zu analysieren.

Die Grenze von +/- 2° ist eher großzügig angegeben. Nach Meinung einiger erfahrener Praktiker sollte sie eher darunter liegen. Es kommt sicher auf die Qualität der Messung an. Je stabiler eine Messung bleibt und keine Schwankungen die Messergebnisse anzweifeln lassen, desto enger kann der Grenzbereich gefasst werden. Mehr als 2-3° werden aber auf keinem Fall berücksichtigt.

Um die Sicherheit einer Analyse für Objekte mit Tabu-Ausrichtungen zu erhöhen, werden die sogenannten „Ersatzsterne" angewandt.

„Die Ersatzsterne“

Die Regeln der „Ersatzsterne“ galten über Jahrhunderte als eines der am besten gehüteten Geheimnisse im Feng Shui. Alte Feng Shui Meister haben sie immer erst kurz vor ihrem Tod mündlich an einen Schüler weitergegeben. Deshalb existieren kaum schriftliche Quellen für diese Regeln. Einer Überlieferung nach, gelang es einem Schüler diese Regeln von seinem Meister abzukaufen. Dank eines großzügigen Geldgeschenks ist diese Regel „öffentlich“ geworden und wird bis heute gelehrt.

Die Regel der Ersatzsterne gibt vor, durch welche Zahl der Blick- bzw. Sitzrichtungsstern ersetzt wird, wenn die Ausrichtung auf eine Taburichtung fällt.

Die Ersatzsterne befinden sich sicher auch auf Ihrem Lo Pan. Und wie immer heißt die Aufgabe, sie zu finden (Häberlin Ring 9, Rollé Ring 5, Rösberg Ring 16).

Diese Werte können selbstverständlich auch tabellarisch dargestellt werden.

Berg	**Ersatzstern**	**Berg**	**Ersatzstern**
Nord 1	2	Süd 1	7
Nord 2	1	Süd 2	9
Nord 3	1	Süd 3	9
Nordost 1	7	Südwest 1	2
Nordost 2	7	Südwest 2	2
Nordost 3	9	Südwest 3	1
Ost 1	1	West 1	9
Ost 2	2	West 2	7
Ost 3	2	West 3	7
Südost 1	6	Nordwest 1	6
Südost 2	6	Nordwest 2	6
Südost 3	6	Nordwest 3	6

Die Benutzung der Ersatzsterne ist nicht sehr einfach und erfordert große Aufmerksamkeit bei der Anwendung. Sie lernen jetzt die Anwendung in kleinen Schritten an einem Beispiel:

Ein Haus, Baujahr 1995, hat die Blickrichtung 84° = O2. Zuerst wird das energetische Diagramm **ohne die Ersatzsterne** erstellt:

6	2	4
5 Blick 84°	**9 5** 7	9 Sitz 264°
1	3	8

Wichtig sind hier die Sterne (Berg- und Wasserstern) in der Mitte.

Im nächsten Schritt wird untersucht, welcher Ersatzstern dem Berg- und dem Wasserstern entspricht.

Dazu muss der Bezug zu der Position des Sterns im Lo Shu hergestellt werden.

Bergstern 9: die Zahl 9 steht im Lo Shu im Süden. Da hier der 2. Berg betroffen ist (264° = W2), wird bei S2 überprüft, welcher Ersatzstern zutrifft. S2 hat den Stern 9, **somit gibt es in diesem Fall keine Änderung durch den Ersatzstern.**

Wasserstern 5: die Zahl 5 steht im Lo Shu in der Mitte und hat keine Entsprechung in den Himmelsrichtungen. Deshalb hat der Stern 5 auch keinen Ersatzstern.

Der Stern 5 bleibt bei der Regel der Ersatzsterne immer bestehen und wird durch keinen Ersatzstern ausgetauscht.

Zusammengefasst bleibt das energetische Diagramm in diesem Beispiel auch innerhalb der Taburichtung unverändert.

Noch ein Beispiel, bei dem diesmal die Ersatzsterne das Diagramm verändern werden:

Sitzrichtung 351° = N1, Baujahr 1980 = 6.Periode

Das energetische **Diagramm ohne Ersatzsterne:**

5	1 Blick	3
4	2 1 6	8
9	2 Sitz	7

Im mittleren Palast sind die Sterne 2 und 1 vorhanden.

Die Verteilung der Sterne erfolgt auf folgenden Wegen:

Bergstern 2 verteilt sich Yin, also rückwärts

Wasserstern 1 verteilt sich Yang, also vorwärts.

Die Verteilung der Sterne (Yin oder Yang) bleibt auch nach dem Austausch mit den Ersatzsternen gültig.

Nun werden die Ersatzsterne geprüft.

Bergstern 2 entspricht der Zahl 2 im SW im Lo Shu.

Der Ersatzstern für SW1 beträgt ebenfalls 2, also kein Austausch durch Ersatzstern.

Wasserstern 1 entspricht im Lo Shu der Zahl 1 im Norden.
Der Ersatzstern für N1 ist gleich Stern 2.

Dementsprechend wird der Wasserstern 1 im mittleren Palast durch den Stern 2 ersetzt.

5	1 Blick	3
4	2 2 6	8
9	2 Sitz	7

Das neue Diagramm hat also in der Mitte die Sterne:

Zeitstern 6

Bergstern 2

Wasserstern 2

Die weitere Vorgehensweise ist Ihnen bereits bekannt. Der Weg der Sterne wurde bereits im „Basis- Diagramm“ bestimmt: Bergstern Yin, Wasserstern Yang.

Dies ergibt folgendes Diagramm:

<table>
<tr><td>3 1
5</td><td>7 6
1
Blick</td><td>5 8
3</td></tr>
<tr><td>4 9
4</td><td>2 2
6</td><td>9 4
8</td></tr>
<tr><td>8 5
9</td><td>6 7
2
Sitz</td><td>1 3
7</td></tr>
</table>

Ein fertig erstelltes Diagramm wird, gleich wie in einer Standardauswertung, nach den bekannten Regeln ausgewertet. Seine Interpretation fällt im Vergleich zum Basis Diagramm deutlich unterschiedlich aus. Sowohl die Ergebnisse der Regelauswertung , als auch die Bedeutung der Sternenkombinationen bringen gänzlich neue Erkenntnisse mit sich. Die

Deutung und Interpretation eines Diagramms zählen nicht zum Inhalt des Buches und sind normalerweise in einer guten Grundausbildung enthalten.

Das Erstellen von Ersatzsternediagrammen kann man aber nicht genug üben. Deshalb noch ein Beispiel, das weniger kommentiert wird, dafür etwas komplexer ist. Bitte versuchen Sie weitgehend selbständig das Diagramm zu erstellen und erst danach mit den Ergebnissen zu vergleichen.

Die Daten:

Ein Haus Baujahr 1989, Sitzrichtung 21°...

6	2 Blick	4
5	3 2 7	9
1	3 Sitz	8

Basisdiagramm:

7. Periode

Blick 201° = S3

Sitz 21° = N3

Bergstern = Yin-Weg

Wasserstern = Yang-Weg

Prüfung der Ersatzsterne:

Bergstern 3 = entspricht Ost 3 = Ersatzstern 2

Wasserstern 2 = entspricht SW 3 = Ersatzstern 1

Daraus resultiert folgendes Ersatzsterne-Diagramm:

3 9 6	7 5 2 Blick	5 7 4
4 8 5	2 1 7	9 3 9
8 4 1	6 6 3 Sitz	1 2 8

In diesem Fall wurden beide Sterne durch Ersatzsterne ausgetauscht. Damit ist ein komplett neues Diagramm entstanden.

Ich hoffe, dass Ihr selbständiger Weg bei dem Beispiel zu demselben Ergebnis geführt hat. Glückwunsch dazu!

Abschließend und zusammenfassend betrachten Sie bitte die folgende Tabelle:

	Ersatzsterne		
Stern	**1. Abschnitt**	**2. Abschnitt**	**3. Abschnitt**
1	2	-	-
2	-	-	1
3	1	2	2
4	6	6	6
5	-	-	-
6	-	-	-
7	9	-	-
8	7	7	9
9	7	-	-

Sie fasst in einer äußerst übersichtlichen Form alle Regeln der Ersatzsterne zusammen.

In der ersten Spalte stehen die jeweiligen Sterne, die zu prüfen sind (unabhängig davon, ob es sich um ein Berg- oder ein Wasserstern handelt).
Die nächsten 3 Spalten stehen für den jeweiligen Abschnitt der Himmelsrichtung für die Blick- bzw. Sitzrichtung, z.B. N1, N2, N3. In den Zeilen der Spalten finden Sie die jeweils zutreffende Ersatzsterne.
Ein Lesebeispiel für die Tabelle:
der Stern 7 hat einen Ersatzstern und zwar die Zahl 9, wenn die Blick-/Sitzrichtung des Hauses im ersten Abschnitt einer Himmelsrichtung liegt. Vorausgesetzt natürlich, dass die Ausrichtung des Hauses innerhalb einer Taburichtung liegt.

Die Anwendung der Ersatzsterne in der Praxis ist recht umstritten und reicht von „taugen nichts“ bis hin zu „treffen immer zu“. Aus meiner Erfahrung kann ich sagen, dass ich recht skeptisch an die Ersatzsterne herangehe und nur in wenigen Fällen tatsächlich anwende. Eine Analyse wird durch die Ersatzsterne nicht leichter. Wenn bei der Kompassmessung die Werte zwischen zwei Abschnitten bzw. Himmelsrichtungen schwanken, dann müssen theoretisch zwei Standard-Diagramme und zwei Ersatzsterne-Diagramme geprüft werden. Wenn es dabei keine sicheren Anhaltspunkte in Bezug auf die tatsächlich gelebte Situation gibt, bleibt die Entscheidung ein Rätselraten. Wahrscheinlich gelten deshalb „Taburichtung-Häuser“ als „unglücklich“. Machen Sie deshalb Ihre eigene Erfahrung und entscheiden Sie von Fall zu Fall.

Die Hexagramme

Nach den strengen Regeln der Ersatzsterne, schließen wir die Beschreibung der einzelnen Lo Pan-Ringe mit den 64 Hexagrammen an. Dieser Ring, bzw. die Deutung und Auswertung der Hexagramme unterliegt keinen festen Regeln. Die Hexagramme können in verschiedene Deutungen einbezogen werden. Sie sind in einem Ring angeordnet. Damit stehen sie in Verbindung mit den Himmelsrichtungen. Sobald eine Richtung ausgewertet wird, kann auch die Hexagramm-Aussage mitberücksichtigt werden. Dazu zählen z.B.

- die Ausrichtung des Eingangs
- die Blick- und Sitzrichtung eines Hauses
- die Richtung markanter Objekte in der Landschaft
- die Richtung des Wassers.

Insgesamt gibt es 64 Hexagramme, die jeweils aus zwei Trigrammen aufgebaut sind. Der Richtungskreis von 360° geteilt durch 64 Hexagramme ergibt den gerundeten Wert von ca. 5,6°, den Bereich eines Hexagramms. Es wäre sehr aufwändig und unübersichtlich die 64 Hexagramme mit ihren Himmelsrichtungsbereichen tabellarisch darzustellen. Auf dem Lo Pan können Sie diese Zuordnung direkt ablesen (Häberlin Ring 22, Rollé Ring 21, Rösberg Ring 24).

Ein Hexagramm setzt sich aus zwei Trigrammen zusammen. Beim Aufbau eines Hexagramms beginnt man mit dem unteren Trigramm und setzt das zweite darauf. Die Bezeichnungen und die Nummerierung der Hexagramme sind im „I Ging", dem „Buch der Wandlungen" festgelegt und beschrieben. Jedes Hexagramm verfügt über umfangreiche Deutungstexte. Eine detaillierte Besprechung und Erläuterung der Texte würde den Umfang eines speziellen Lehrgangs annehmen und kann deshalb an dieser Stelle nicht erfolgen. Wenn Sie Interesse an Deutungen des „I Ging" haben, dann stehen Ihnen zahlreiche Bücher zur Verfügung. Außerdem finden Sie im Internet eine Reihe von Seiten, die sich speziell mit diesem Thema beschäftigen.

Damit haben wir die Betrachtung der wichtigsten Ringe auf einem Lo Pan abgeschlossen. Es kann durchaus vorkommen, dass Sie auf einem chinesischen Gerät noch weitere Ringe mit diversen Regeln vorfinden werden. Alle Geheimnisse des Feng Shui, die über Jahrhunderte ihren Platz auf einem Lo Pan gefunden haben, genau zu erläutern, ist praktisch unmöglich. Mit den besprochenen Regeln sind Sie für eine fachfundierte Anwendung aber bestens gerüstet. Jetzt heißt es einfach nur üben, üben, üben...

Aufgaben zur Wissensüberprüfung

Beantworten Sie selbständig die folgenden Fragen bzw. lösen Sie die Aufgaben. So prüfen Sie selbst, ob Sie das Lernmaterial lückenlos verstanden haben. Außerdem festigen Sie dadurch die erworbenen Kenntnisse. Die Musterlösungen zu den Aufgaben finden Sie im Lösungsteil am Ende des Buches.

Aufgabe 9.1
Welche Omen sind günstig? Wie lautet ihre deutsche Bezeichnung?

A. FW
B. N4
C. HH
D. A2
E. D

Aufgabe 9.2
Ist der folgende Satz korrekt? Begründen Sie Ihre Antwort. "Um ein ungünstiges Omen zu optimieren, wird die das Omen stärkende Wandlungsphase benutzt."

Aufgabe 9.3
Welche Linie wandelt sich gemäß den Transformationsgesetzen, um das Omen Ho Hai zu bestimmen?

Aufgabe 9.4
Welche Himmelsrichtung hat in allen drei Abschnitten Yin-Nan Jia?

Aufgabe 9.5
Eine Klientin bemerkt, dass sie am Nachmittag oft nur mit Mühe tief durchatmen kann. Hat für Sie als Feng Shui BeraterIn diese Äußerung eine Bedeutung? Begründen Sie kurz Ihre Antwort.

Aufgabe 9.6
Ist die Aussage eindeutig?
„Die Analyse wurde nach der Methode der Fligenden Sterne ausgearbeitet."
Begründen Sie Ihre Antwort.

Aufgabe 9.7
Welche der folgenden Richtungen sind Taburichtungen? Warum?

A. 23°
B. 214°
C. 80°
D. 339°

Aufgabe 9.8
Für welche Sterne gibt es keinen Ersatzstern?

Aufgabe 9.9
Nennen Sie mind. 3 Beispiele, wann Sie die Hexagramme in die Analyse einbeziehen können.

Praktische Fallbeispiele

Herzlichen Glückwunsch! Sie haben die Theorie des Lo Pans erfolgreich studiert und auch schon erste praktische Übungen durchgeführt.

Die letzten Kapitel des Buches dienen der Anwendung in der Praxis. Sie werden Fallbeispiele bearbeiten, die sich an tatsächlichen Beratungsaufträgen orientieren.

Sie finden hier zwei Fallbeispiele. Der erste Fall ist ausführlich beschrieben und vollständig ausgearbeitet. Sie sollten ihn selbständig durcharbeiten und die einzelnen Schritte nachvollziehen. Deshalb befinden sich die Aufgaben zur Wissensüberprüfung nicht wie gewohnt am Ende des Kapitels, sondern sie stehen direkt an der relevanten Stelle im Text. Die Lösung zu den Aufgaben folgt unmittelbar danach, damit Sie ohne umständliches Nachschlagen die eigenen Ausarbeitungen sofort überprüfen können. Für den zweiten Fall finden Sie alle nötigen Daten und Informationen, jedoch zuerst keine Ausarbeitungen. Diese befindet sich im separaten Unterkapitel. Versuchen Sie im eigenen Interesse zuerst selbstständig, ohne nachzuschauen, den Fall zu lösen. Vergleichen Sie anschließend Ihre Ausarbeitung mit der Musterlösung.

Viel Erfolg!

Fallbeispiel 1: „Zahnarztpraxis mit Dentallabor"

Im ersten Fallbeispiel werden Sie sich mit einer Analyse aus dem „Business-Feng-Shui" beschäftigen. Bitte nutzen Sie das Beispiel als eine umfangreiche Übung und versuchen Sie jeden Schritt zuerst selbstständig durchzuführen.

Die Ausarbeitung dient auch dazu, für Ihre berufliche Praxis einen „roten Faden" zu gewinnen. Das Schema der Lösung kann als eine Art „Checkliste" für jeden weiteren Fall nützlich sein.

Objekt

Im folgenden Beispiel wird ein Gebäude für eine Zahnarztpraxis mit Dental-Labor untersucht.

Es handelt sich dabei um ein freistehendes Haus mit Grundstück, das komplett für gewerbliche Zwecke genutzt wird (kein Wohnraum). Die Abbildung 1 zeigt die Lageübersicht aus der Vogelperspektive.

Abb. 1: Luftaufnahme des Objektes

Sie erkennen das Objekt an der roten Markierung. Es handelt sich dabei um ein freistehendes Haus mit Grundstück, das komplett für gewerbliche Zwecke genutzt wird (kein Wohnraum). Das Haus wurde 1975 gebaut und zuletzt als ärztliche Gemeinschaftspraxis genutzt. Größere Sanierungsmaßnahmen sind nicht bekannt.

Auf Basis der Aufnahme wurde eine Lageskizze, die Sie in der Abbildung 2 sehen können, erstellt.

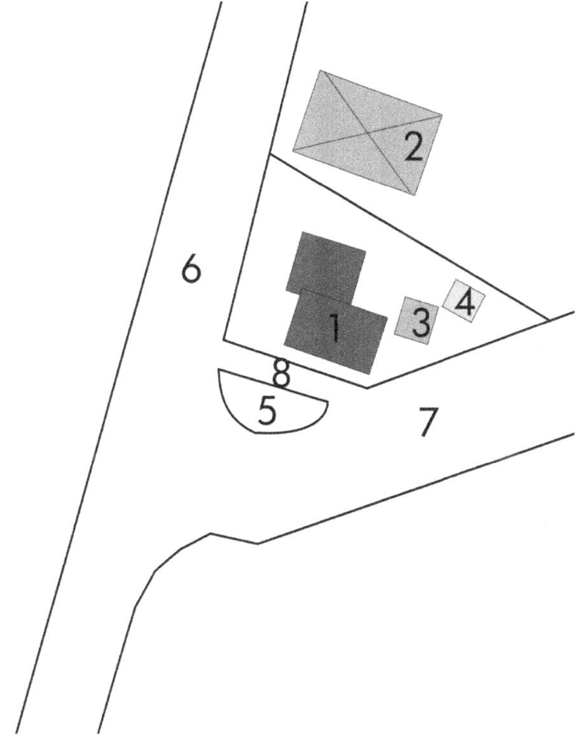

Abb. 2: Lageskizze

Sowohl die Aufnahme als auch die Skizze sind geografisch genordet. Das bedeutet, dass die obere Bildkante in die nördliche Richtung zeigt (genauso wie bei Straßen- oder Landkarten). Das Haus befindet sich in einem Vorort der Stadt Frankfurt am Main.

Das Haus verfügt über zwei Eingänge: für die künftigen Patienten befindet sich der Eingang an der Gebäudeseite, die zu der kleinen Verkehrsinsel zeigt. Für die Mitarbeiter gibt es einen Hintereingang vom Hof.

Aufgabe 10.1
Bitte ermitteln Sie anhand der Lageskizze und der Informationen die Blickrichtung des Objekts, die Ausrichtung der markanten Objekte in der Umgebung (2 bis 5), die Flussrichtung der Straßen (6 bis 8) und die Richtung der Eingänge.

Bitte blättern Sie noch nicht weiter, sondern versuchen selbständig die Aufgabe zu lösen. Auf der folgenden Seite finden Sie die Musterlösung.

Lösung zur Aufgabe 10.1
Bei der Aufnahme und der Lageskizze wurde der geografische Norden berücksichtigt. Für die Analyse benötigen wir aber die Ausrichtung nach dem magnetischen Nordpol. Mithilfe der Deklination kann sie ausgerechnet werden. Weitere Informationen für die Vorgehensweise der Berechnung können Sie im Profitipp „Deklination" nachlesen (kostenloses Download unter http://goo.gl/jsyjS).

Bei der Auswertung der äußeren Umgebung interessiert uns der Deklinationswert zum Zeitpunkt der Analyse. Für die Berechnung der „Fliegenden Sterne" sollte die Deklinationsänderung zum Zeitpunkt des Baujahres berücksichtigt werden.

Deklination Frankfurt am Main am 01.03.2011 = 1°26' Ost

Deklination Frankfurt am Main am 30.06.1975 (Jahresmitte, weil der genaue Tag nicht bekannt ist) = 2°39' West

(Die Deklinationswerte wurden mithilfe des Deklinationsrechners des Helmholtz-Zentrums Potsdam ermittelt).

Die Aufteilung des Grundstücks kann deshalb nicht exakt „senkrecht Norden“ vorgenommen werden, sondern muss um 1°26’ korrigiert werden (0° bzw. 360°-1°26’ = 358°34’, also ca. 358,5°).

Die korrekte Aufteilung sehen Sie in der Abbildung 3:

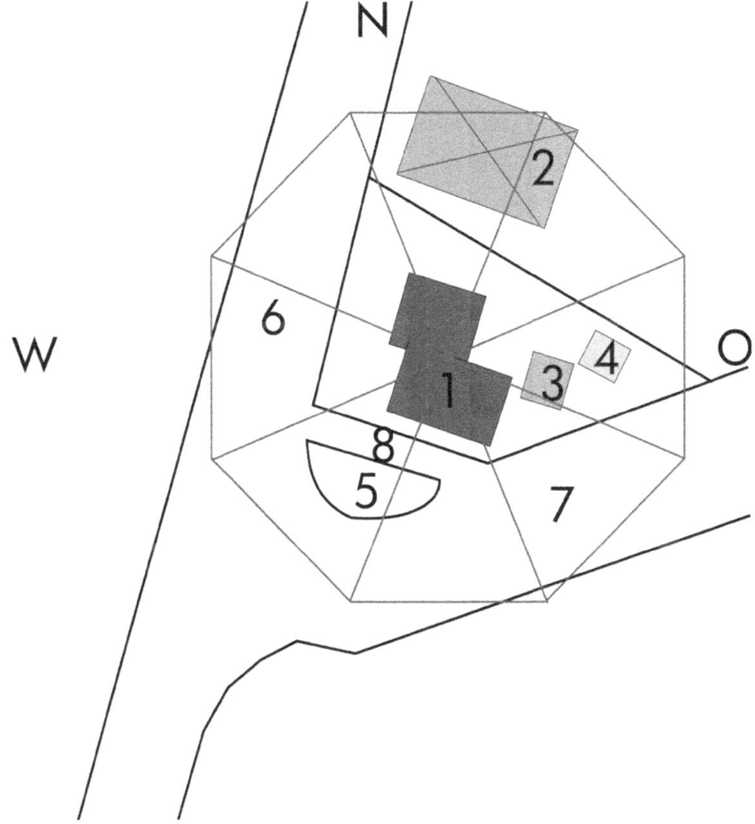

Abb. 3: Grundstücksaufteilung

Anhand der Aufteilung können die in der Aufgabe gewünschten Ausrichtungen wie folgt abgelesen werden:

Das Gebäude liegt zwischen zwei Straßen, in der Gabelung einer Y-Kreuzung, und hat damit drei aktive Seiten, die theoretisch als Blickrichtung in Frage kommen. Die Patienten, die maßgeblich für den Erfolg der Praxis sind, erreichen das Gebäude von der Seite der Verkehrsinsel. Damit gilt diese Seite als Blickrichtung des Gebäudes.

Blickrichtung des Gebäudes (Hausseite in Richtung der Verkehrsinsel) = 194°

Richtung des Eingangs für Patienten (Eingang 1) = 194°

Richtung des Nebeneingangs (Eingang 2) = 102°

Nachbargebäude (Nr.2) erstreckt sich zwischen 344° und 36°, Mitte bei 10°

Garage (Nr.3) = Mitte bei 96°

Schuppen (Nr.4) = Mitte bei 84°

Verkehrsinsel (Nr.5) erstreckt sich zwischen 238° und 178°, Mitte bei 212°

Straße	**Zufluss**	**Abfluss**
Nr. 6	191,5°	11,5°
Nr. 7	67,5°	247,5° (mündet dann in der Straße Nr. 6)
Nr. 8	106°	286°

Bitte beachten Sie, dass alle Richtungen sich immer auf die Mitte der Aufteilung (Mitte des untersuchten Objektes) beziehen. Beim Ablesen ist deshalb eine Parallelverschiebung der Richtungslinie immer erforderlich.

Das Erfassen von größeren Objekten in der Umgebung ist nicht sehr einfach, weil es keine konkreten Regeln gibt, welches Teil des Objektes maßgebend ist. Meistens wird deshalb entweder ein markanter, charakteristischer Punkt am Objekt angepeilt oder man nimmt die Mitte des Objektes. Korrekterweise sollte aber auch die gesamte Breite, über die sich das Objekt erstreckt, untersucht werden. In unserem Übungsfall werden wir das bei dem Haus 2 und der Verkehrsinsel tun. Bei der Garage (Nr.3) und dem Schuppen (Nr.4) berücksichtigen wir, aufgrund der Größe der Objekte, nur die Mitte.

Wenn Sie bei Ihren Ergebnissen kleine Richtungsabweichungen im Vergleich zu der Musterlösung festgestellt haben, dann liegt es sicher an der Ungenauigkeit des Druckbildes und kann vernachlässigt werden. Sollten Sie erhebliche Abweichungen festgestellt haben, dann überprüfen Sie Ihre Zeichnung.

Personendaten:

- Herr Z., Zahnarzt geb. 23.06.1968
- Frau T., Dentaltechnikerin geb. 03.01.1972

Herr Z. und Frau T. gründen eine Gemeinschaftspraxis. Für ihre neuen Räume haben sie das beschriebene Gebäude ausgewählt. Herr Z. hat bereits eine kleine Praxis, mit der er in das neue Haus umziehen will. Frau T. hat bisher als Angestellte gearbeitet, es ist ihr erstes Unternehmen.

Beide sind gleichberechtigte Partner. Angestellte bleiben in der Analyse vorerst unberücksichtigt. Sie werden erst in der Betrachtung der Innenräume einbezogen (ist aber nicht Bestandteil der Schulung bzw. des Kapitels).

Herr Z. und Frau T. interessieren sich für Tendenzen, die den Wohlstand, die berufliche Entwicklung und die Bekanntheit betreffen. Außerdem soll ein günstiges Datum für die offizielle Praxiseröffnung ermittelt werden. Das Datum soll zwischen dem 10. und 25. März 2011 liegen.

In der Gestaltung des Grundstücks könnten kleinere Optimierungsmaßnahmen durchgeführt werden. Größere Baumaßnahmen zur Umgestaltung des Grundstücks sind nicht vorgesehen.

Aufgabe 10.2
Werten Sie bitte die Personendaten aus, indem Sie die Kua-Zahlen und den Erdzweig des Jahres (Jahrestier) ermitteln.

Ein Tipp: den Erdzweig des Jahres können Sie anhand der Auswertung der vier Säulen im Ba Zi ermitteln. Benutzen Sie dafür einen der zahlreichen kostenlosen Berechnungsmodule im Internet. Vernachlässigen Sie dabei die Angabe der Geburtsstunde, die hier weder bekannt, noch notwendig ist.

Außerdem nennen Sie bitte die günstigen Termine für den Firmenumzug (ohne individuelle, astrologische Berechnung, nur anhand der allgemeinen Tagestendenz).

Lösung zu Aufgabe 10.2

Person /Geburtsdatum	Kua-Zahl	Erdzweig des Jahres
Herr Z. / 23.06.1968	2	Affe (M+)
Frau T. / 03.01.1972	4	Schwein (W-)

Günstige Tage für Geschäftseröffnung:

Zuerst wird das Mondhaus für den 10.03.2011, den ersten möglichen Tag berechnet.

Tageszahl = 10
Jahreszahl = 3
Monatszahl = 2

Mondhaus 15 = Rittlings = nur für Reisen günstig

Die folgenden Tage, bis zum 25.03.2011 stehen im Zeichen der Mondhäuser 16 bis 2. Davon sind für Geschäftseröffnung günstig:

19 = Netz am 14.03.2011
21 = Orion am 16.03.2011

Auswertung der „Fliegenden Sterne"

In dieser Übung werden wir die Analyse auf die Einflüsse der Landschaft auf die „Fliegenden Sterne" beschränken. Eine genaue Analyse müsste anhand des Grundrisses der Innenräume und unter Berücksichtigung weiterer Aspekte (z.B. Mitarbeiter, praktische Abläufe, Marktpositionierung) erfolgen und würde damit den Rahmen des Buches deutlich sprengen.

Als Basis dieser und auch jeder weiteren Betrachtung der „Fliegenden Sterne" ist ein korrektes Sternen-Diagramm zu erstellen.

Aufgabe 10.3

Erstellen Sie ein korrektes Sternen-Diagramm für das Objekt.

Welche Landschaftsformen würden hier die Sterne gut unterstützen? Auf welche Formen sollte nach Möglichkeit verzichtet werden?

Lösung Aufgabe 10.3

Baujahr 1975 = 6.Periode

Blickrichtung:
Gegenwärtig beträgt die Blickrichtung 194° und liegt damit 8,5° von der Grenze (202,5°) des Abschnitts S3 entfernt.
Die Differenz der Deklination zwischen Baujahr und Gegenwart beträgt insgesamt
1°26' + 2°39' = 4°5',
damals westlich, heute östlich, Bewegungsrichtung heute zu damals nach Westen, Differenz wird addiert:
194° + 4°5' = 198° 5'

Damit lag die Ausrichtung zum Zeitpunkt des Baujahres nur noch ca. 4.5° von der Grenze S3 entfernt, aber immer noch weit genug von einer Taburichtung. Damit kommen Ersatzsterne nicht zur Anwendung.

Das Diagramm:

1 2 5	6 6 1	8 4 3
9 3 4	**2 1** **6**	4 8 8
5 7 9	7 5 2	3 9 7

Der wichtigste „Reichtums-Stern", d.h. die Wasser-8 befindet sich im Westen und könnte sehr gut durch Wasser in der Landschaft unterstützt werden. Glücklicherweise verläuft hier die Straße und unterstützt den

Stern virtuell. Zusätzlich kann er noch mit echtem Wasser im Gebäude gestärkt werden.

Der schlechteste „Reichtums-Stern", die Wasser-5 steckt im Norden, der Sitzrichtung des Gebäudes. Zum Glück befindet sich hier das Nachbarhaus, das als Berg gilt und den Wasserstern eher ruhig stellt.

Weitere Regeln, die gewöhnlich mit der Auswertung der Sterne überprüft werden, sind zwar kein Lo-Pan-Thema, aber sie sollten an dieser Stelle auch erwähnt werden (die Kenntnisse dieser Regeln werden als Bestandteil einer Grundausbildung vorausgesetzt):

1. „Die Regel der 1 und der 0" = Berg im NO, Wasser im SW
   Im NO befindet sich ein Teil des Gebäudes 2 = Berg, im SW liegt die Straßenkreuzung und damit virtuelles Wasser. Damit sind beide Aspekte (Gesundheit und Wohlstand gut unterstützt).

2. Der „Sekundäre Wohlstandsbereich" = Wasser im Osten
   Hier stehen die Garage und der Schuppen, es ist kein Wasser vorhanden. Deshalb gibt es dadurch keine günstige Wohlstandsunterstützung.

3. Bergstern verteilt sich Yang, Wasserstern verteilt sich Yin = günstig, wenn sich Wasser vor dem Haus befindet.Mit den Straßen ist die Regel erfüllt.

Zusammenfassung:

Die „Fliegenden Sterne" werden nur teilweise durch die Landschaftsformen unterstützt. Insbesondere bei den Wohlstandsaspekten fehlt die richtige Unterstützung. Direkte Optimierungen durch Umgestaltung der Landschaft sind praktisch nicht durchführbar.

Es ist deshalb wichtig weitere wohlstandsbezogene Einflussparameter zu untersuchen.

Auswertung der Wasserläufe

Straße	Zufluss	Abfluss
Nr. 6	191,5° = Süd	11,5° = Nord
Nr. 7	67,5° = exakte Grenze zwischen Nordost und Ost	247,5° = exakte Grenze zwischen Südwest und West
Nr. 8	106° = Ost	286° = West

Der Verlauf der Straße 7 liegt exakt an der Grenze von zwei Himmelsrichtungen. Korrekterweise müssen beide Himmelsrichtungen ausgewertet werden.

Aufgabe 10.4
Werten Sie die Ihnen bekannten Wasser-Regeln aus .

Lösung zu Aufgabe 10.4
Zusammenfassung der **Regeln der Wassertore** für die Sitzrichtung N:

Sitzrichtung Norden	
Methode des früheren Himmels	W
Methode des späteren Himmels	SW
Position des himmlischen Zerstörers	SO
Methode der Züchtigung der Erde	SW
Position des Wasserräubers	S
Besucher-Wasserposition	O
Gast-Wasserposition	NW
Helfendes Wasser	NO

Daraus ergibt sich die folgende Auswertung der Wassertore:

Methode	Bedeutung
Methode des früheren Himmels	ohne Bedeutung, kein Zufluss aus dem W, kein stehendes Wasser im W
Methode des späteren Himmels	Zufluss aus SW, günstig für Wohlstand
Position des himmlischen Zerstörers	Kein Zufluss oder Abfluss nach SO, keine Bedeutung
Methode der Züchtigung der Erde	Abfluss nach SW, ungünstig für Yin, weibliche Eigenschaften und Frauen, ungünstig für Frau T.
Position des Wasserräubers	kein Abfluss nach S, rechtzeitiger Wasserstern nicht in der Blickrichtung, insgesamt keine Bedeutung
Besucher-Wasserposition	doppelter Zufluss aus O, günstig für Herrn Z., ungünstig für Frau T.
Gast-Wasserposition	Kein Zufluss aus NW, keine Bedeutung
Helfendes Wasser	Zufluss aus NO, günstiger Einfluss auf Wohlbefinden und Beziehungen

Die vorhandenen Wasserformen üben günstigen Einfluss auf:

- Herrn Z.
- das Wohlbefinden
- den Wohlstand
- die Beziehungen.

Eine ungünstige Situation ergibt sich für Frau T. Frau T. soll durch andere Maßnahmen (z.B. in der Inneneinrichtung) unterstützt werden.

Einen direkten Einfluss auf Wohlstandsaspekte haben die Wasserläufe hier nicht.
Eine zusätzliche Optimierung durch neu angelegte Wasserobjekte wäre ohne bauliche Maßnahmen (weder geplant, noch erwünscht) auf dem Grundstück kaum möglich.

Auswertung der **Wasserläufe auf der „Himmelsplatte“**

Maßgebend ist hier die Qualität der Blickrichtung.
Blickrichtung = 194°, entspricht „S, F+“, Fließrichtung Yang (vorwärts),
daraus leitet sich folgende Zuordnung ab:

Bereich	**„12 Götter“**	**Qualität**
165° - 195°	Grab	neutral
195° - 225°	Ruhe	Yin
225° - 255°	Embryo	Yang
255° - 285°	Schwangerschaft	Yang
285° - 315°	Geburt und Wachstum	Yang
315° - 345°	Reinigung	neutral
345° - 15°	Lernen	Yang
15° - 45°	Erwachsen sein	Yang
45° - 75°	Die Blüte des Lebens	Yang
75° - 105°	Schwäche	Yin
105° - 135°	Krankheit	Yin
135° - 165°	Tod	Yin

Wasser	**Zufluss**	**Qualität**	**Abfluss**	**Qualität**
Straße 6	191,5°	neutral	11,5°	Yang
Straße 7	67,5°	Yang	247,5°	Yang
Straße 8	106°	Yin	286°	Yang

Folgende Regeln der „Himmelsplatte“ treffen auf das Objekt zu:

- Yang-Zufluss = günstig
- Yang-Abfluss = ungünstig

Insgesamt ergibt diese Auswertung unterschiedliche Einflüsse, die sich gegenseitig „aufheben“. Wirksame Optimierungsmaßnahmen sind aufgrund der praktischen Gegebenheiten (Straßenbau) nicht möglich.

Untersuchung, **ob „totes“ oder „verschwindendes“ Wasser** vorliegt.

Zufluss Lo Shu	Abfluss Ho Tu	Ungünstig für	Ergebnis
O	NO	Neubeginn und Aktivität	trifft nicht zu
SO	SW	Entwicklung und Lebensglück	trifft nicht zu
S	O	Lebensfreude und Vitalität	trifft nicht zu
SW	N	Soziale Tätigkeit und das Weibliche	trifft nicht zu
W	SO	Resultate und Genuss	trifft nicht zu
NW	S	Innere Klarheit und das Männliche	trifft nicht zu
N	W	Beruf und Karriere	trifft nicht zu
NO	NW	Stabilität und Selbstvertrauen	trifft nicht zu

Hier liegt kein ungünstiger Einfluss vor.

Die Regel der „Acht **Geister der Unterwelt“** trifft auf das Objekt nicht zu, weil die Blickrichtung nicht im Bereich der Trigramme CHIEN

(QIAN), KUN, SUN (XUN), KEN (GEN) auf der „24 Berge der Erdplatte“ liegt.

Fazit der Wasser-Auswertung:

- Wohlstandsaspekte bleiben weitgehend unbeeinflusst
- günstig für Herrn Z., ungünstig für Frau T.
- günstig für Beziehungen

Auswertung markanter Objekte in der Umgebung

Fassen wir zuerst die Daten der markanten Objekte zusammen:

Sitzrichtung des Gebäudes = 14°

Nachbargebäude (Nr.2) erstreckt sich zwischen 344° und 36°, Mitte bei 10°

Garage (Nr.3) = Mitte bei 96°

Schuppen (Nr.4) = Mitte bei 84°

Verkehrsinsel (Nr.5) erstreckt sich zwischen 238° und 178°, Mitte bei 212°

Aufgabe 10.5
Untersuchen Sie die Bedeutung der Objekte mithilfe der Menschenplatte

Lösung zur Aufgabe 10.5

Objekt	Ausrichtung	24 Berge	Gastgeber
Sitzrichtung	14°	-W	Erde
Gebäude	344° bis 345° *	+W	Feuer
	345° bis 0°	W+	Feuer
	0° bis 15°	-W	**Erde**
	15° bis 30°	E-	Metall
	30° bis 36° *	NO	Holz
Garage	**96°**	**-H**	**Erde**
Schuppen	**84°**	**H-**	**Feuer**
Verkehrsinsel	225° bis 238°	M+	Wasser
	210° bis 225°	**SW**	**Holz**
	195° bis 210°	E-[2]	Metall
	180° bis 195°	-F	Erde
	178° bis 180° *	F+	Feuer

Mit * gekennzeichneten Bereiche können aufgrund der geringen Ausdehnung von nur wenigen Grad vernachlässigt werden.

Die Fett markierten Bereiche sind besonders wichtig, weil sie die Mitte der Objekte erfassen.

Eine günstige Situation ergibt sich, wenn der Gastgeber der Sitzrichtung, hier Erde:

- durch den Gastgeber eines Objektes gestärkt (hier durch Feuer) wird. Das trifft auf den Schuppen und Teile des Gebäudes sowie der Verkehrsinsel zu.
- Mit dem Gastgeber eines Objektes identisch ist (Erde). Günstig sind deshalb: Gebäude(Hauptteil), Garage, Teil der Verkehrsinsel.
- Der Gastgeber des Objektes durch den Gastgeber der Sitzrichtung kontrolliert wird (Erde kontrolliert Wasser). Das ist bei einem Teil der Verkehrsinsel der Fall.
- Klugheit, Intelligenz, aber Erschöpfung ergibt sich, wenn der Gastgeber der Sitzrichtung (hier durch Metall) geschwächt wird. Das ist bei Teilen des Gebäudes und der Verkehrsinsel der Fall.
- Ungünstige Situation entsteht durch Kontrolle des Gastgebers der Sitzrichtung (hier durch Holz). Das ist beim Hauptteil der Verkehrsinsel der Fall.

Zusammenfassend ergibt sich folgendes Bild:

- Günstige Einflüsse überwiegen.
- Ungünstig ist am ehesten die Verkehrsinsel.

Weitere ungünstige Einflüsse ergeben sich nur durch Teile des Gebäudes, das ansonsten günstige Wirkung ausübt.

Optimierende Maßnahmen, die zur Beseitigung des ungünstigen Objektes führen würden, sind nicht möglich. Es könnten aber zusätzliche

Gestaltungsmaßnahmen auf dem Grundstück durchgeführt werden. So würden z.B. Pflanzen, Bäume oder dekorative „Kunstobjekte" in den günstigen Bereichen, die positiven Wirkungen unterstützen.
Günstig sind Richtungen, für die als Gastgeber Erde oder Feuer gelten. Das sind folgende Bereiche: 60° - 105°, 150° - 195°, 240° - 285°, 330° - 15°.

Aufgabe 10.6
Die bisherigen Ergebnisse zeigen, dass Frau T. einer besonderen Unterstützung bedarf. So könnte auf dem Grundstück ein zusätzliches Gestaltungselement so angebracht werden, dass es sie besonders unterstützt.

Bitte untersuchen Sie, in welchem Abschnitt des Grundstücks ein Objekt günstig für Frau T. aufgestellt werden könnte.

Lösung zur Aufgabe 10.6
Frau T. ist im Erdzweig W- geboren. Auf der Menschenplatte erstreckt sich der Erdzweig W- über den Bereich 315° - 330°. Der Gastgeber des Bereichs ist ebenfalls Wasser, das in der Interaktion mit dem Gastgeber der Sitzrichtung Kontrolle und damit Reichtum, Wohlstand etc. bedeutet. Gestalterisch lässt sich in dem Bereich des Grundstücks problemlos ein schönes, dekoratives Objekt platzieren.

Diverse Richtungsauswertungen

Ausrichtung des Gebäudes nach der Erdplatte

Das Haus hat die Blickrichtung 194°, was auf der Erdplatte der Qualität –F entspricht. Die Sitzrichtung mit 14° bedeutet –W.

Aufgabe 10.7
Versuchen Sie bitte, die Qualität der Ausrichtung zu interpretieren. Welchen Charakter hat das Haus? Welche Aspekte werden dabei besonders unterstützt? Was kann die Deutung der Qualitäten bedeuten?

Lösung zur Aufgabe 10.7
Die Ausrichtung –F/-W bedeutet ein Haus, das die geistige Ebene der Bewohner unterstützt (Himmelsstamm-Ausrichtung).

Die allgemeine Aussage der beiden Himmelsstämme:

- F *(ding)*	Das Potential des Feuers, dass sich aus dem Holz aufbaut. Es ist das Glimmen, die Glut, das Brennen. Manchmal wird hier auch ein Bienenstich, der brennt, dargestellt.	Das ruhige Feuer, die wärmende oder auch brennende Hitze, andauernde Begeisterung, ausgewogener Enthusiasmus, produktive Wärme, beständige Kraft.
- W *(gui)*	Das verdunstende, aufsteigende Wasser, das die Pflanzen in die Höhe treibt.	Die Zeit des Wartens, der Mutmaßung und des Vermutens. Alles ist mit Allem verbunden, alle Wege stehen offen, alle Richtungen sind möglich

Für eine Zahnarztpraxis wäre eine Erdzweig-Qualität der Ausrichtung sicher vorteilhafter, weil es hier um Umsetzung, Herstellung und Gesundheit geht. Durch die Himmelsstämme ergibt sich eher die Unterstützung zum Planen, Denken, Visionen kreieren. Der Übergang zur Realisierung wird aber nicht leicht. Die Blickrichtung bestätigt, dass Herr Z. und Frau T. Feuer und Flamme für das gemeinsame Projekt sind und äußerst aktiv an die Sache herangehen. Die starke Hitze lässt aber das schwache Wasser der Basis (Sitzrichtung) noch schneller verdunsten. Deshalb ist behutsames Vorgehen angeraten. Schritt für Schritt, nicht zu schnell soll es vorwärts gehen, um einen Richtungswechsel jederzeit einleiten zu können.

In Verbindung mit den nicht gerade üppigen Qualitäten des Hauses in Hinblick auf Wohlstand, sollten an dieser Stelle die besagten Alarmglocken läuten. Immer mehr Erkenntnisse zeigen auf eine nicht besonders vorteilhafte Unterstützung des geschäftlichen Vorhabens.

Nan Jia Aufteilung
Schauen wir uns gemeinsam an, ob das Haus über reines Yin oder Yang verfügt:

194° = S3 = Yin
14° = N3 = Yang

Leider haben wir auch in dem Fall keine günstige Übereinstimmung. Ein positiver Lichtblick ergibt sich aber aus der Tatsache, dass die Frontseite sehr Yang-lastig ist. Die verkehrsreichen Straßen und die Lage an der Kreuzung „gestalten" die Seite sehr Yang betont. Damit wird eine Anpassung an das Yang der Rückseite erreicht.

Ba-Zhai
Es ist ein Ost-Haus und damit günstiger für Frau T., die ebenfalls zur Ostgruppe gehört.
Diese Situation ist günstig, weil Frau T. bisher eher benachteiligt war. Herr Z. wurde bereits durch andere Merkmale begünstigt.

Ausrichtung der Eingänge
Die Ausrichtung der Eingänge kann auf mehreren Wegen analysiert werden. Erfahrungsgemäß sollten zumindest die Ausrichtung nach der Erdplatte und das Hexagramm untersucht werden.

Aufgabe 10.8
Bitte deuten Sie die Ausrichtung der Eingänge mithilfe der Erdplatte.

Ermitteln Sie die Hexagramme der Eingänge und versuchen Sie, ihre Bedeutung im Kontext des Falls zu interpretieren. Die Interpretation der Hexagramme wurde in der Schulung nicht besprochen, weil sie zu umfangreich und zu speziell ist. Sie können sich aber durchaus als Übung daran wagen.

Lösung zur Aufgabe 10.8
Patienten-Eingang = 194° => -F => Hexagramm 50
Nebeneingang = 102° => -H => Hexagramm 60

Die Qualität des Patienten-Eingangs entspricht der Qualität der Blickrichtung. Damait haben wir auch hier eher geistig-mentale Unterstützung. Das Hexagramm 50 heißt „Der Tiegel" und steht[1] für „eine reichhaltige, kulturell hochstehende Epoche, in der genug tatsächliche Nahrung vorhanden ist und gerne verteilt wird." Weiter heißt es in der Beschreibung des Zeichens: „Wenn wir also in unserem Inneren gute Vorräte anlegen, insbesondere an Wissen und geistiger Nahrung, dann können wir damit unsere Mitmenschen sinnvoll nähren. Dieses setzt voraus, dass wir uns zuerst gründlich Fähigkeiten und Wissen aneignen, um diese später gerne nach außen zu geben."

Das Hexagramm betont, wie wichtig die geistige Qualität für das Ausüben der Tätigkeit ist. Ausgehend davon, dass Herr T. und Frau Z. über hervorragendes Fachwissen verfügen, wird es ihnen hier gelingen, mit der „geistigen Nahrung" ihre Patienten zu „nähern", also entsprechend bedienen.

Damit wäre die Qualität des Eingangs als äußerst günstig und zur Situation passend einzustufen.

Das Yin-Holz des Nebeneingangs steht für: sich entfalten, Gestalt annehmen, sich umschauen, zielstrebig nach oben, kräftiger werden, etwas Neues ist entstanden, sich formen. Die Deutung kann fast wörtlich übernommen werden: Neues entstehen zu lassen, kräftiger werden, Gestalt annehmen – das Bild eines Dentallabors.

Beim Hexagramm des Nebeneingangs stoßen wir auf ganz andere Aspekte. Das Hexagramm trägt den Namen „Die Beschränkung" und Hubert Geurts interpretiert es wie folgt: „Dieses Zeichen steht für unsere unklaren Grenzen. Wenn wir im Leben keine eindeutige Grenzen haben,(...) dann kann es schnell zur Katastrophe führen. Deshalb sollten wir eindeutig definierte Grenzen haben und einhalten.(...) Doch darf man es mit der Beschränkung auch nicht übertreiben, da harte Grenzen

1 Zitat und Interpretation aus „IGing, Einführung für Europäer", Hubert Geurts, Gruppe M Verlagsgesellschaft mbH, Düsseldorf 2007

die Lebensfreude einschränken, und das kann nicht Sinn einer Grenze sein. Denn die tiefe Lebensfreude gehört zu den wichtigsten Faktoren in unserem Dasein."

Der Nebeneingang wird von Herrn Z. und Frau T., sowie den Mitarbeitern genutzt. Es ist anzunehmen, dass alle mit sehr großen Engagement und Einsatzbereitschaft an ihre Tätigkeiten herangehen werden. Das Hexagramm erinnert sie aber an die Tatsache, dass auch Arbeiten seine Grenzen hat und sie sollen auf keinem Fall ihre Lebensfreude einschränken bzw. verlieren. Anderseits kann sich hier ein Hinweis auf „Arbeit als Lebensfreude" verbergen. Welche der Deutungen tatsächlich zutrifft, kann nur ein direktes Gespräch mit den Klienten klären. In der Übung geht es lediglich darum, für sich selbst als Berater die möglichen Hinweise zu finden und ansatzweise zu deuten.

Zusammenfassung

Bei dem untersuchten Objekt handelt es sich um ein Gebäude, das ausschließlich für unternehmerische Zwecke, eine Zahnarztpraxis mit angeschlossenem Dentallabor, genutzt werden soll.

Das Gebäude liegt an einer Y-Kreuzung. Die Analyse der Umgebung (Straßenverlauf, Objekte wie Nachbarhäuser und andere Bauten) ergab, dass sie einen positiven Einfluss auf die, für die Entwicklung der geschäftlichen Tätigkeit relevanten Aspekte, ausübt.
Herr Z. erhält durch die Landschaftseinflüsse gute persönliche Unterstützung. Um auch Frau T. entsprechend zu stärken, sollte im Bereich 315°-330° des Grundstücks ein markantes, dekoratives Gestaltungselement (z.B. eine größere Pflanze, eine Skulptur) angebracht werden.
Ebenso positiv wirkt sich die Umgebung auf die Entwicklung von Beziehungen, in dem Fall geschäftlichen Beziehungen, aus. In Hinblick auf die gemeinsame Praxis ist das ein nicht zu unterschätzender, günstiger Einfluss.

Die Auswertung der Richtungsqualitäten des Gebäudes und seiner Eingänge weist auf einen starke „geistige" Interaktion zwischen dem Haus und seinen Nutzer hin. Für eine Praxis bedeutet das ein starkes geistig-mentales Engagement mit Freude und Begeisterung für die Tätigkeit. Gleichzeitig darf aber die Lebensfreude nicht vergessen werden, es sei denn, die berufliche Tätigkeit selbst wird die Erwartungen erfüllen.

Als günstige Tage für die offizielle Praxiseröffnung wurden der 14. und 16. März 2011 ermittelt.

Fallbeispiel 2: Neubau eines Einfamilienhauses

Wie bereits angekündigt, erhalten Sie an dieser Stelle alle Daten, die Sie zur Auswertung des Fallbeispiels benötigen. Bearbeiten Sie den Fall selbständig, dokumentieren Sie Ihre Ergebnisse.

Vergleichen Sie anschließend Ihre Ausarbeitung mit der Musterlösung.

Viel Erfolg und Freude bei der Bearbeitung des Fallbeispiels.

Objektdaten

In unserem Fall handelt es sich um den Neubau eines Einfamilienhauses. Das Haus wird auf einem Grundstück gebaut, das in einem bestehenden Wohngebiet liegt.

Abb. 4: Das Grundstück

Der Auszug aus dem Flurplan zeigt folgende Lage der Umgebung:

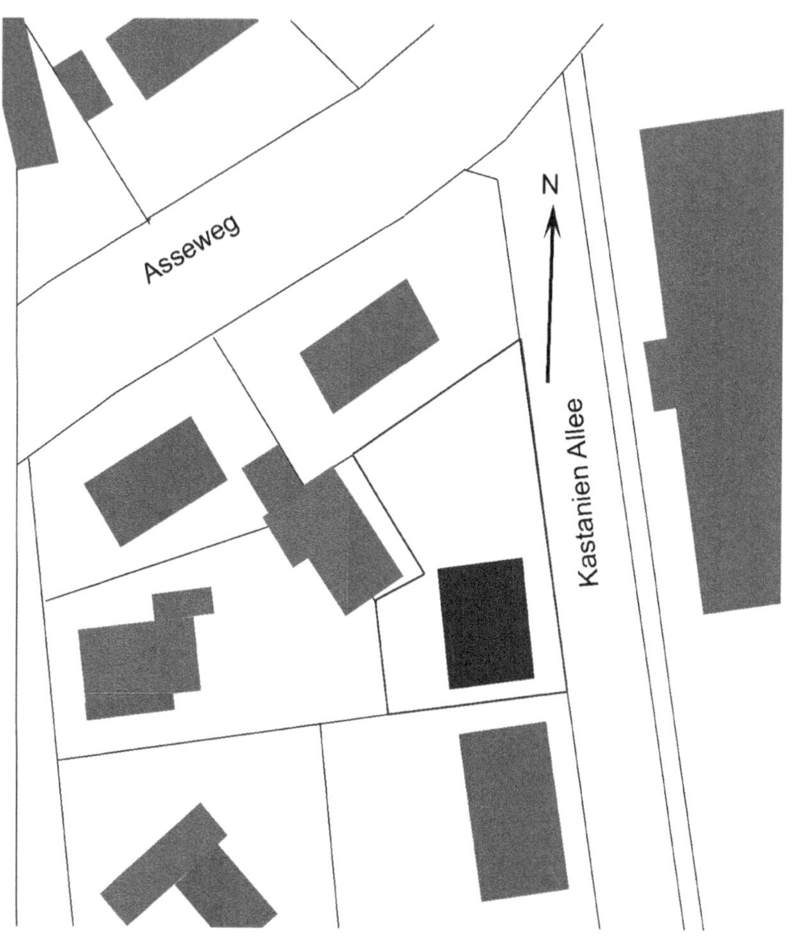

Abb. 5: Lageskizze des Grundstücks

Zusammen ergeben beide Abbildungen folgende Übersicht der Lage:

Die aktuelle Deklination für die Stadt beträgt 1°3' Ost.

Laut Bebauungsplan darf das Haus nur so wie angezeichnet gebaut werden.

Der Hauseingang befindet sich auf der zur Straße ausgerichteten Seite.

Gebaut wird ein freistehendes Einfamilienhaus, bestehend aus zwei Wohnebenen. Die Grundrisspläne für das Objekt sind vorhanden.

Personendaten

Familie Zufall besteht aus:

- Herrn Zufall, geb. 25.04.1978, Angestellter bei einer Bank
- Frau Zufall, geb. 18.12.1980, Hausfrau und Mutter, arbeitet an zwei Vormittagen pro Woche in der Stadtbibliothek
- Leoni Zufall, geb. 10.01.2005
- Julius Zufall, geb. 9.06.2007

Aufgabenstellung

Familie Zufall möchte erfahren, über welche Qualitäten das Haus aus Feng-Shui-Sicht verfügt.

Das Grundstück wird nach dem Bau neu gestaltet. Dabei wünschen sich die Kinder ein kleines Holzhaus auf Stelzen zum Spielen. Alle gemeinsam wollen einen Apfelbaum als Symbol für ihre Familie im Garten pflanzen. Außerdem möchten sie gerne einen Teich mit Springbrunnen im Garten einrichten. Für diese Gestaltungselemente benötigen sie genaue Angaben, wo sie am günstigsten zu platzieren sind.

Um das künftige Glück des Hauses bestmöglich zu unterstützen, wollen sie an einem günstigen Tag mit dem Bau beginnen. In Frage kommt der Zeitraum zwischen dem 15. und 27.08.2011.

Eine Empfehlung zur Raumkonzeption der Innenräume ist zwar auch ein Bestandteil der Beratung, wird aber in dieser Übung nicht weiter behandelt, weil sie nicht unmittelbar mit einer Lo-Pan-Auswertung in Verbindung steht.

Übersicht der einzelnen Analyse-Punkte

Um die selbständige Bearbeitung ein wenig zu strukturieren und damit so effektiv wie möglich zu gestalten, bearbeiten Sie die Analyse in folgenden Einzelschritten:

1. Ermittlung der Ausrichtung des Hauses.

2. Aufteilung des Grundstücks.

3. Ermittlung der Richtungen markanter Objekte und Wasserläufe.

4. Auswertung der Personendaten.

5. Erstellung des Sternendiagramms (Fliegende Sterne).

6. Auswertung der Landschaft in Hinblick auf das Sternendiagramm.

7. Auswertung mithilfe der „Menschenplatte“

8. Auswertung der Wassertore und der übrigen Wasser-Regeln.

9. Richtungsempfehlung zur Positionierung der gewünschten Gestaltungsobjekte auf dem Grundstück.

10. Ba Zhai – „Kompatibilität“ zwischen Haus und Bewohner

11. Deutung der Ausrichtung des Hauses mithilfe der Erdplatte.

12. Zusammenfassung der Ergebnisse.

Und jetzt legen Sie los...

Musterlösung zum Fallbeispiel 2

Auswertung der Personendaten

Herr Zufall, geb. 25.04.1978: Kua:4, EZ= F+ Pferd,

Frau Zufall, geb. 18.12.1980: Kua:4, EZ= M+ Affe,

Leoni Zufall, geb. 10.01.2005: Kua:1, EZ= M+ Affe,

Julius Zufall, geb. 09.06.2007: Kua: 2, EZ= W- Schwein

Ausrichtung des Hauses

Abgelesen vom Plan = 83°

Deklination 1°3' Ost, Wert muss subtrahiert werden.

Ergebnis:
Blickrichtung 81°57' = ca. 82° = O1 = +H
Sitzrichtung 261°57' = ca. 262° = W1 = +M

Erdplatte:	
Blick	+H
Sitz	+M
Fazit:	geistige Ebene
Nan Jia	
Blick	Yang
Sitz	Yin
Fazit:	ungünstig, Optimierung lediglich durch Yang-Elemente in der Sitzrichtung (durch die Straße ist Yin-Stärkung vorne nicht möglich)

Fliegende Sterne rechtzeitiger Stern Fazit:	s. Anlage, Achtung Ersatzsterne! Wasserstern im Osten => Straße Bergstern im Südwesten => Gebäude Bedingungen relativ gut (virtuell) erfüllt.
Weg der Sterne Fazit:	Berg yang, Wasser yin, soll Wasser vorne, ist gegeben günstig
Richtung „1 und 0“ NO = Berg SW = Wasser Fazit:	 zuerst starkes Wasser (Straße), dann Gebäude kein Wasser, dafür Berg Lieber kein Wasser im SW, weil dort der rechtzeitige Bergstern ist.
Sek. Wohlstandsbereich O = Wasser	 Straße vorhanden, günstig
Wechselwirkung Mensch/ Haus Ba Zhai	 West-Haus und (überwiegend) Ost-Menschen, nicht so günstig
Erdzweige	keine Übereinstimmung (Himmelsstämme auf der Erdplatte); auch bei O2/W2 gäbe es keine Übereinstimmungen

Ergebnis:
Aus der Ausrichtung des Hauses sind eher positive Tendenzen zu verzeichnen.
Die Übereinstimmung mit den Personen ist nicht so gut. Deshalb sollten die Personen besonders unterstützt werden.

Auswertungen Wasser

Zufluss Norden (352°), Abfluss Süden (172°)

Die beiden übrigen Straßen (Asseweg und Am Brunnen) üben hier keinen direkten Einfluss aus.

Wassertore:

„Methode des späteren Himmels“ = Zufluss Norden = günstig für Wohlstand

„Methode der Züchtigung der Erde“ = Zufluss Norden = ungünstig für Yin und Frauen

Himmelsplatte:

Blickrichtung 82° = vorwärts

Bereich	**„12 Götter“**	**Qualität**
75° - 105°	Grab	neutral
105° - 135°	Ruhe	Yin
135° - 165°	Embryo	Yang
165° - 195° Abfluss	Schwangerschaft	Yang
195° - 225°	Geburt und Wachstum	Yang
225° - 255°	Reinigung	neutral
255° - 285°	Lernen	Yang
285° - 315°	Erwachsen sein	Yang
315° - 345°	Die Blüte des Lebens	Yang
345° - 15° Zufluss	Schwäche	Yin
15° - 45°	Krankheit	Yin
45° - 75°	Tod	Yin

Zufluss = Yin, Abfluss = Yang
Ergebnis: ungünstiger Abfluss, vor allem für Pferd, tifft auf Herrn Zufall zu.

Auswertungen Menschenplatte

Auswertung für Sitzrichtung 262° (**M-/Feuer)**

Objekt	**Ausdehnung/ Charakter/ Gastgeber**	**Mitte bzw. markanter Punkt/ Charakter/ Gastgeber**	**Bedeutung**
Haus 1	18° - 90° E-/Metall NO/Holz H+/Wasser +H/Feuer H-/Feuer	Eingang 30°-39° NO/Holz	Insgesamt überwiegt Holz und Feuer = Stärkung, Unterstützung, Mehrung aber auch Gedeihen, Freundschaft, Partnerschaft
Haus 2	150° - 195° +F/Feuer F+/Feuer -F/Erde	Mitte 172° F+/Feuer	Gedeihen, Freundschaft, Partnerschaft, ansatzweise Erschöpfung, Klugheit, Intelligenz
Haus 3	218°-238° SW/Holz M+/Wasser	Ecke 233° M+/Wasser	Macht, Zerstörung, Kampf und Unterwerfung aber Stärkung, Unterstützung, Mehrung
Haus 4	252°-277° +M/Feuer M-/Feuer -M/Erde	1. Ecke 255° M-/Feuer 2. Ecke 271° -M/Erde	Gedeihen, Freundschaft, Partnerschaft und Erschöpfung, Klugheit, Intelligenz
Haus 5	271°-311° -M/Erde $E+^2$/Metall NW/Holz	Spitze 293° $E+^2$/Metall	Insgesamt überwiegt Erde und Metall = Erschöpfung, Klugheit, Intelligenz aber auch Reichtum, materieller Gewinn, Wohlstand
Haus 6	innerhalb Ausdehnung Haus 5		
Haus 7	322°-349° W-/Wasser +W/Feuer W+Feuer	Mitte 336° +W/Feuer	Gedeihen, Freundschaft, Partnerschaft aber auch Macht, Zerstörung, Kampf und Unterwerfung

Fazit:
Die Auswertung ergibt, was bei den vielen Objekten zu erwarten war, kein eindeutiges Ergebnis. Insgesamt überwiegen aber die günstigen Einflüsse.

Vorschläge zur Platzierung der Objekte

Sitzrichtung des Hauses = 262° entspricht auf der Menschenplatte M-/Feuer, günstig sind Bereiche mit Gastgeber Feuer, Holz und Metall

Aufgrund der bisherigen Auswertung benötigen die Bewohner besondere Unterstützung:

Herr Zufall im Bereich = F+ Pferd eventuell trigonal $E+^2$ Hund und H+ Tiger

Frau Zufall im Bereich = M+ Affe eventuell trigonal W+ Ratte und E+ Drache

Leoni Zufall im Bereich = M+ Affe eventuell trigonal W+ Ratte und E+ Drache

Julius Zufall im Bereich = W- Schwein eventuell trigonal H- Hase und $E-^2$ Schaf (bei Julius ist die Unterstützung nicht so wichtig, weil Westmensch im Westhaus)

Erdzweig	**Gastgeber**	
F+ Pferd	Feuer	165°-180° = S
$E+^2$ Hund	Metall	285° - 300° = W/NW
H+ Tiger	Wasser	ungünstig fürs Haus
M+ Affe	Wasser	ungünstig fürs Haus
W+ Ratte	Feuer	345° - 360° = N
E+ Drache	Metall	105° - 120° = O/SO

Im S und SO können aufgrund der Platzverhältnisse kaum größere Objekt geplant werden. Deshalb beschränken sich die günstigen Bereiche auf $E+^{2}$ und W+.

Teich mit Springbrunnen = 285° - 292° (auf Westen beschränken), weil:

Im NW der Wasserstern 5 unnötig aktiviert wäre.

Unterstützung für Herrn Zufall und Julius

Gut planbar, z.B. mit einem schönen Sitzplatz für den Nachmittag und Abend

Bepflanzung am Teich auf der Seite des Hauses 5 „entschärft“ das Sha Chi der Hausecke.

Yang-Aktivierung wegen ungünstigem Nan Jia

Holzhaus auf Stelzen und Apfelbaum = 345°-360°, weil

Unterstützung für Frau Zufall und Leoni

Gut planbar, viel Platz vorhanden

Es ist die Drachenseite des Hauses, die recht schwach ist. Zusätzliche Objekte würden den Drachen stärken.

Auswertung der günstigen Baubeginn-Tage

15.08.2011 = Mondhaus 5 = Herz = ungünstig für Baubeginn
27.08.2011 = Mondhaus 17 = Magen = günstig fürs Bauen

weitere günstige Tage:

Mondhaus 6 = Schwanz = 16.08.2011
Mondhaus 7 = Getreidekorb = 17.08.2011
Mondhaus 8 = Schaufel = 18.08.2011
Mondhaus 13 = Haus = 23.08.2011
Mondhaus 14 = Mauer = 24.08.2011
Mondhaus 16 = Hügel = 26.08.201

Hexagramme

Blickrichtung = 82° = 49 Die Umwälzung

„Wenn wir im Leben etwas verändern wollen, müssen wir Feuer und Flamme sein, um auf etwas einzuwirken. Wir verändern die Situation, auf die wir einwirken, und uns selbst. Umwälzung bedeutet, etwas zu tun, was man noch nicht getan hat, damit man etwas erreicht, was man noch nie erreicht hat."*

Sitzrichtung = 262° = 4 Die Unerfahrenheit

„Wenn wir aus Unerfahrenheit vor Schwierigkeiten stehen, sollten wir uns einen weisen Begleiter suchen und mit dessen Unterstützung die Probleme lösen."*

** Auszüge aus „I Ging, Einführung für Europäer", Hubert Geurts*

Fazit:
Das Haus bietet den Bewohnern eine gute Chance für den Neuanfang, der gelingen kann, wenn sie mit genug „Herzblut" die neue Chance ergreifen. Sie sollten sich aber auf Hilfe anderer besinnen und sich Unterstützung erfahrener Begleiter holen.

Anlage

Übersicht zur Erfassung der Objekte für die Menschenplatte

1 7 7	6 2 3	8 9 5
9 8 6	2 6 8	4 4 1
5 3 2	7 1 4	3 5 9

Lösungen

Allgemeine Einführung

Aufgabe 1.1
Ein Lo Pan verbindet räumliche Merkmale mit astrologischen Gesichtspunkten in der Betrachtung eines Ortes.

Aufgabe 1.2
Aus der äußeren Platte Wai Pan, der inneren Platte Nei Pan und dem Himmelssee Tian Qi.

Aufgabe 1.3
Die markierte Nadelspitze zeigt immer nach Süden.

Aufgabe 1.4
Auf der „inneren Platte"

Aufgabe 1.5
San He Pan: besitzt 3 Ringe der „24 Berge" San Yuan Pan: besitzt einen Ring der „24 Berge" und einen Ring der „64 Hexagramme" Zong He Pan: besitzt sowohl 3 Ringe der „24 Berge" als auch den Ring der „64 Hexagramme"

Ein wenig Geschichte

Aufgabe 2.1
Als Vorläufe des Lo Pans gelten, auch wenn nicht ganz unumstritten, der „Magnetische Löffel" und die „Divinationsscheibe".

Aufgabe 2.2
Der Löffel hatte magnetische Eigenschaften und richtete sich nach dem magnetischen Pol. Damit konnte eine Richtung bestimmt werden. Sein Griff zeigte immer nach Süden. Daher kam auch die Bezeichnung des „Südkontrolleurs".

Aufgabe 2.3
Es wurden die Fingernadel, die trockene Nadel und die feuchte Nadel erfunden. Die Fingernadel eignete sich nicht, um in einen Lo Pan eingebaut zu werden. Sie wurde nur auf den Daumen gelegt. Am häufigsten verwendete man die trockene Nadel.

Aufgabe 2.4
Weil sie mit starken kulturellen und sozialpolitischen Einflüssen behaftet sind. Sie dienen heute als Metapher, die auf unsere Belangen zu projizieren sind.

Aufgabe 2.5
Diese Aussage stimmt nur zum Teil. Ein Lo Pan unterstreicht deutlich die Professionalität der Beratung. Wenn aber nur unwissend mit dem Lo Pan geblendet wird, ohne seine Inhalte zu verstehen, ist ein peinlicher Reinfall sehr wahrscheinlich.

Kompass-Messung in der Praxis

Aufgabe 3.1
über 45°

Aufgabe 3.2
In solchen Fällen kann keine zuverlässige und aussagekräftige Feng Shui Auswertung vorgenommen werden.

Aufgabe 3.3
Diese Messung dürfte sehr wahrscheinlich fehlerhaft sein. Ein Auto besteht aus Metall und lenkt damit die Kompassnadel ab.

Aufgabe 3.4
Diese Aussage stimmt nicht. Gerade am Eingang eines Hauses sind viele Störungsquellen möglich, z.B. die Zuleitungen zum Haus, Metallverstärkungen der Tür, Leitungen für die Beleuchtung etc.. Die Messung wäre damit fehlerhaft.

Aufgabe 3.5
Weil die Seite des Hauses nicht näher definiert wurde, kommen zwei Richtungen in Frage:

72° + 90° = 162° oder
72° + 270° = 342°

Aufgabe 3.6
Damit ist die Lage gemeint. Ein Swimmingpool hat weder Zu- noch Abfluss. Bei stehendem Wasser kann nur die Lage aber keine Richtung bestimmt werden.

Aufgabe 3.7
Nein, die Richtungen bleiben gleich. Beim Rechtsverkehr fahren die Fahrzeuge auf der zum Haus zugewandten Straßenseite von Süd nach Nordost.

Aufgabe 3.8
Antwort C stimmt.

Aufgabe 3.9
In der Mitte des Grundrisses des Hauses.

Astrologische Grundlagen

Aufgabe 4.1
Der Satz stimmt nicht. Es gibt 12 Erdzweige und 10 Himmelsstämme.

Aufgabe 4.2
A. +E
B. +H
C. +W

Aufgabe 4.3
Das +/- Zeichen steht hinter dem Buchstaben für die jeweilige Wandlungsphase.

Aufgabe 4.4
A. E-
B. H+
C. W+

Aufgabe 4.5
Diese Bezeichnung bedeutet „Metall-Hund“ und ist die 47. Paarung des „60-er Zyklus“.

Aufgabe 4.6
Es gibt 12 Klimaphasen. Eine Klimaphase dauert 30 Tage.

Aufgabe 4.7
Am 6.05.

Aufgabe 5.1
Mit der Menschenplatte. Der Swimmingpool stellt ein Wasser ohne Zu- und Abfluss (stehendes Wasser) dar, sodass keine Fließrichtung ermittelt werden kann. Dadurch ist eine Auswertung mithilfe der Himmelsplatte nicht möglich. Der Swimmingpool gilt damit als ein wichtiges Objekt in der Umgebung und wird deshalb mit der Menschenplatte ausgewertet. Andere Auswertungsmethoden von stehendem Wasser sind aber damit nicht ausgeschlossen.

Aufgabe 5.2
Antwort B ist richtig.

Aufgabe 5.3
Auf der geistigen Ebene, weil die Ausrichtung sich durch Himmelsstämme definiert.

Aufgabe 5.4
Frau B. ist im Jahr des Büffels geboren, hat damit den Erdzweig E-.
Das Haus mit der Blickrichtung 81° hat als Gastgeber die Wandlungsphase Feuer.
Die Tanne steht bei 168°, das entspricht F+ mit Wandlungsphase Feuer auf der Menschenplatte.
Wechselwirkung Haus/Tanne:
Die Wandlungsphase des Gastgebers ist identisch mit der Wandlungsphase des Objektes = Gedeihen, Freundschaft, Partnerschaft.
Die Erdzweige von Frau B. und der Tanne sind nicht identisch und stehen in keiner besonderen Verbindung. Damit übt die Tanne keine spezielle Wirkung auf Frau B. aus. Die günstige Situation bezieht sich auf das Haus allgemein.

Aufgabe 5.5
Der Erdzweig einer Person muss gegenüber (Opposition) oder trigonal (im Dreieck) mit der Erdzweig des Objektes stehen.

Aufgabe 5.6
Wenn Wasser in eine Yang-Richtung abfließt.

Aufgabe 5.7
Blickrichtung 270° entspricht auf der Himmelsplatte dem Bereich 255° - 285°, +M, M-, die Fliessrichtung ist vorwärts.

Bereich	„12 Götter“	Qualität
255° - 285°	Grab	neutral
285° - 315°	Ruhe	Yin
315° - 345°	Embryo	Yang
345° - 15°	Schwangerschaft	Yang
15° - 45°	Geburt und Wachstum	Yang
45° - 75°	Reinigung	neutral
75° - 105°	Lernen	Yang
105° - 135°	Erwachsen sein	Yang
135° - 165°	Die Blüte des Lebens	Yang
165° - 195°	Schwäche	Yin
195° - 225°	Krankheit	Yin
225° - 255°	Tod	Yin

Wasserzufluss bei 300° = Yin, führt weg bei 120° = Yang: ungünstig, weil es in eine Yang-Richtung wegfließt.

Wasser fließt auch bei 285° weg = neutral, keine Bedeutung.

Auswertung des Wassers

Sitzrichtung: Südosten
Haupteingang im Westen

Wasserform Merkmal	**Straße**	**Teich**	**Bachlauf**
Lage		W	
Zufluss	SW		NO
Abfluss	N		O

Wassertor Bezeichnung	**Trifft zu Ja / Nein**	**Wenn ja, Bedeutung**
1. Methode des früheren Himmels	ja, Zufluss Straße	günstig für Wohlbefinden und Beziehungen
2. Methode des späteren Himmels	ja, Teich	ungünstig für Wohlstand
3. Position des himmlischen Zerstörers	ja, Abfluss Straße	günstig für Wohlstand
4. Methode der Züchtigung der Erde	ja, Haupteingang	ungünstig für Frauen und weibliche Eigenschaften
5. Position des Wasserräubers	nein	
6. Besucher-Wasserposition	nein	
7. Gast-Wasserposition	ja, Bachlauf	günstig für weibliche Familienmitglieder und entfernte männliche Verwandte, ungünstig für Vater, Ehemann und Sohn
8. Helfendes Wasser	nein	

Weitere Wasser-Auswertungen

Aufgabe 7.1
...Ho Tu...

Aufgabe 7.2
Hier trifft die Regel des verschwindenden Wassers zu und ergibt das Hexagramm 47= „Die Erschöpfung".

Aufgabe 7.3
Auf ein Haus mit der Blickrichtung 210° trifft die Regel gar nicht zu.

Astrologische Auswertungen und die 28 Mondhäuser

Aufgabe 8.1
in einem Hase-Jahr, speziell im Schaf-Monat.

Aufgabe 8.2
Antwort A ist richtig.

Aufgabe 8.3
Die Richtung der „Drei Sha" wird als gegenüberliegende Richtung des Kardinaltieres definiert. Die Richtung des „Jupiters" entspricht der Richtung des Jahrestiers.
Der Bereich der Himmelsrichtungen erstreckt sich bei den „Drei Sha" über insgesamt 90° und umfasst die Bereiche der Tiere, die sich links und rechts von der Hauptrichtung befinden. Die Richtung des „Jupiters" erstreckt sich nur über den Bereich von 15° des entsprechenden Bereichs der 24 Berge.
Es gilt als ungünstig die Richtung der „Drei Sha" hinter dem Rücken oder dem Kopf zu haben. Man sollte aber nicht in die Richtung des „Jupiters" blicken.

Aufgabe 8.4
Nein, die Aussage stimmt nicht. Die 28 Mondhäuser werden ausschließlich zur Bewertung von Erfolgstendenzen für bestimmte Aktivitäten benutzt.

Aufgabe 8.5
Ja, an dem Tag herrscht das Mondhaus 15 = Rittlings und das ist für eine Reise günstig.

Omen, Sterne, Hexagramme

Aufgabe 9.1
Günstig sind:
A = FW = Heller Palast, Ausrichtung
D = A2 = Langlebigkeit

Aufgabe 9.2
Nein, der Satz ist nicht korrekt und müsste richtig lauten:
"Um ein ungünstiges Omen zu optimieren, wird die das Omen schwächende Wandlungsphase benutzt."

Aufgabe 9.3
Die erste Linie.

Aufgabe 9.4
Westen

Aufgabe 9.5
Aufgrund der Organuhr und der beschriebenen Beschwerden, könnte eine Verbindung der Lunge mit (inaktive Zeit zwischen 15:00 und 17:00 Uhr) dem Erdzweig Metall-Yin bestehen. Eine Disharmonie in den Himmelsrichtungsbereichen des Metalls ist zu untersuchen. Außerdem sollte unbedingt auf eine ärztliche Untersuchung hingewiesen werden.

Aufgabe 9.6
Nein, die Aussage ist nicht eindeutig. Unter dem Begriff der „Fliegenden Sterne" verbergen sich mehrere Methoden. Es ist notwendig, die genaue Vorgehensweise zu erkennen, um zu wissen, welche Methode tatsächlich gemeint war.

Aufgabe 9.7
Die Richtungen B und D. Sie liegen im Grenzbereich zwischen zwei Himmelsrichtungen bzw. Himmelsrichtungsabschnitten.

Aufgabe 9.8
Für die Sterne 5 und 6

Aufgabe 9.9
z.B. bei der Auswertung:
- der Ausrichtung der Eingangstüren
- der Richtung einer Lieblingsstelle in der Landschaft
- der Richtung einer unangenehmen Stelle in der Umgebung
- der Sitzrichtung
- der Blickrichtung
- der Sitzposition am Schreibtisch
- der Schlafrichtung

Das Märchen von den 9 Sternlein

Die Methode der Fliegenden Sterne begreifbar gemacht

182 S., m. Abb., kartoniert
ISBN: 978-3-940392-13-8

Dieses Buch erklärt an Hand einer Märchen-Geschichte anschaulich die Feng-Shui-Methode der fliegenden Sterne.

Ist Feng Shui ein Märchen? Nein, Feng Shui ist garantiert kein Märchen. Klassisches Feng Shui bietet eine Fülle an Methoden an. Die „Fliegenden Sterne“ gehören zu den Methoden, die neben räumlichen (Himmelsrichtungen) auch zeitliche (Baujahr des Hauses) Einflüsse in einer Analyse berücksichtigen. Damit lassen sich präzise Aussagen darüber machen, wie ein Haus mit seinem individuellen Charakter die Bewohner in ihren Lebenszielen und Aufgaben unterstützt. Dazu sind mehrere Berechnungen, Verknüpfungen und Interpretationen diverser Regeln notwendig. An sich stellen die Fliegenden Sterne eine trockene und schwierige Materie zum Lernen dar.

Zahlreiche Tabellen, Zusammenfassungen und Skizzen zu den einzelnen Kapiteln, sowie ein umfangreicher Anhang sorgen für Ernsthaftigkeit der Sache und liefern ein praktisches Nachschlagewerk.

„Das Märchen von den neun Sternlein“ ist das erste deutschsprachige Buch, das eine vollständige und praktische Einführung in diese komplexe, klassische Feng Shui Methode bietet.

Mehr Informationen erhalten Sie auf der Webseite zum Buch: www.9-sternlein.de